El hogar de mi bebé

El hogar
de mi bebé

Roni Jay

OCEANO AMBAR

El hogar de mi bebé
© Collins & Brown Ltd., 2003
© Textos: Roni Jay, 2003

© Editorial Océano, S.L., 2004 - Grupo Océano
Milanesat, 21-23 - 08017 Barcelona (España)
Tel.: 93 280 20 20* - Fax.: 93 203 17 91
www.oceano.com

Diseño: Anne-Marie Bulat
Edición original: Alison Wormleighton
Edición en español: Mònica Campos, Esther Sanz
Traducción: Ana Villanueva
Indices: Equipo Océano Ambar
Fotografías: Sian Irvine
Proyecto coordinado por Jane Ellis

ISBN: 84-7556-293-0

Printed by Imago, Singapore

Contenidos

Introducción

Una vez que las principales necesidades físicas del recién nacido están cubiertas, las siguientes prioridades son el amor y la seguridad. Tú eres la fuente primaria de ambas para tu bebé; el ambiente que crees es también muy importante.

El bebé necesita un lugar en el que pueda sentirse seguro y feliz, una base desde la que pueda empezar a explorar el mundo nuevo al que acaba de llegar. Cuanto más parecido a un *santuario* sea el hogar en el que viva, más seguro se va a sentir cuando conozca nuevos lugares y aprenda nuevas habilidades.

¿Y qué convierte una casa en un santuario para un bebé? Sin ninguna duda, las personas que viven en ella son un ingrediente esencial. Cuanto más relajados y contentos os mostréis tú y tu familia, más feliz estará el bebé. El ambiente también es importante, es decir, si la casa es frenética o sosegada, ruidosa o silenciosa. Y no hay que olvidar el entorno físico. Un bebé necesita estimulación para mantener el interés y estar alerta, y sonidos y momentos que contribuyan al reposo cuando tiene que dormir.

Este santuario para el bebé tiene que darle un sentimiento de amor y seguridad, con estimulación sensorial cuando se busca calma y paz emocional. Este libro muestra cómo conseguir estos aspectos durante el embarazo y durante los primeros meses de vida del recién nacido. Desde mostrar alegría a decorar la habitación del bebé, ordenar la casa y hacerle masajes, EL HOGAR DE MI BEBÉ trata sobre las condiciones ideales para un bebé feliz y despabilado.

Desde los primeros meses
En este libro sugerimos formas de estimuar la emergente creatividad de un bebé desde los primeros momentos de su vida. Música, colores... Y también pensamientos positivos que favorezcan un clima de amor y tranquilidad.

1

Preparar
la casa
y a la familia

Crear una atmósfera tranquila

Pasos prácticos para crear una atmósfera tranquila

Puedes seguir muchos pasos prácticos para mantener una atmósfera tranquila para ti y tu bebé. Éstas son algunas ideas:

• Pon contestador automático o servicio de mensajería de voz si todavía no dispones de él para cuando no puedas contestar al teléfono.

• Ten una habitación (aunque sólo sea un rincón) en la que tú y el bebé os podáis relajar juntos en momentos tranquilos como el de darle de comer. Que conste de un color relajante, una silla cómoda y, si es posible, un reproductor para oír música relajada.

• Si tienes niños mayores, enséñales a no hacer ruido proporcionándoles auriculares si oyen música o estableciendo unas horas de silencio. Si dispones de sitio, puedes dejarles hacer ruido en una zona en la que no te molesten.

Estas sugerencias te dan una idea general. Intenta identificar los factores que producen más ruido y confusión en casa, y piensa en formas viables y prácticas de reducirlos.

Un ambiente tranquilo se reflejará en el temperamento del bebé.

Lograr una atmósfera tranquila en casa resulta vital para crear un santuario para tu bebé. Cuando la vida se vuelve frenética, el bebé necesita un lugar de apartamiento para descansar y recuperarse.

Todo el proceso de vivir y crecer supone un reto para el bebé. Cuando está fuera, en el mundo, de paseo, viajando en coche, cuando te acompaña a visitar a tus amigos o cuando va de compras, se siente estimulado. Y es bueno, pero seguirá necesitando periodos de tranquilidad y relajación y el hogar es el mejor sitio para ello. Puedes darle estímulos en casa con juguetes y conversación, pero necesita desconectar de vez en cuando y absorber y asimilar sus nuevas experiencias.

Por supuesto, el hogar de una familia feliz hace sentir seguro al bebé, pero la seguridad representa sólo una parte de sus necesidades. Un hogar desordenado, ruidoso y concurrido no será tan relajante y sosegado como uno tranquilo. Resulta sencillo crear estímulos en una atmósfera tranquila, pero es muy difícil generar calma en una casa frenética.

Como el bebé necesita tanto la calma como la excitación en diferentes momentos, una casa tranquila es el ambiente ideal, ya que te proporciona la flexibilidad para conseguir ambos ambientes cuando lo desees.

Para crear una atmósfera tranquila que permita al bebé dormir o simplemente relajarse y evitar la sobreexcitación, debes tener en cuenta muchos de los factores tratados con más detalle en los siguientes capítulos. Sobre todo, piensa en reducir el ruido, minimizar el desorden y pintar con colores tranquilos. Eso no quiere decir que no puedas utilizar combinaciones brillantes y estimulantes, sino que debes considerar cuáles son las habitaciones más apropiadas para ellas. (Encontrarás más ideas al respecto en el capítulo 4.)

Cuídate

Tu bebé no es el único que se beneficiará de un ambiente tranquilo, ya que no sólo el bebé es agotador, sino que, además, el resto de la vida no se detiene. Es probable que hayas dejado el trabajo durante un tiempo, pero tienes que seguir cocinando, limpiando, lavando, etc., y la mayoría de estas tareas se ven acrecentadas con la llegada de otro miembro de la familia.

Una casa tranquila te beneficiará tanto a ti como a tu bebé. Cuando el teléfono por fin deje de sonar, las visitas se vayan o el bebé se duerma, podrás descansar y tomar fuerzas con más rapidez y efectividad en una casa tranquila y sosegada que en una desordenada y ruidosa.

Seguridad y comodidad

Si éste es tu primer hijo probablemente tengas que hacer bastantes cambios para preparar su llegada. Incluso si ya tienes niños puede que hayas perdido los hábitos o que pienses en mejorar la manera en que hiciste las cosas la última vez.

El bebé necesitará estar cómodo desde el momento que nace y, claro está, tienes que tener preparada toda la ropa y un lugar adecuado para dormir. Cuando el bebé crece lo suficiente como para desplazarte con él, la seguridad se convierte en un aspecto importante.

Mantener el calor

Un poco de calor o de frío de más no le hará al bebé ningún daño serio si es por poco tiempo, pero es mejor controlar la temperatura de las habitaciones. Si hay calefacción central, el mayor peligro es que el bebé tenga demasiado calor, por lo que hay que asegurarse de que hay aire fresco de sobra.
Evita subir la temperatura demasiado, sobre todo por la noche.

Si no dispones de calefacción central y hace frío, necesitarás una buena fuente de calor en cada sala por las que pasa el bebé. En su habitación no tiene que hacer calor, puesto que ya está vestido y abrigado; simplemente hay que elegir una habitación que no sea demasiado fría. Sin duda, el clima y la época del año en la que nace el bebé son importantes: en un clima frío, los bebés que nacen en invierno necesitan más la calefacción que los que nacen al final de la primavera, que ya tendrán unos meses cuando llegue el frío invierno.

Un lugar para dormir

Tendrás que decidir si quieres que el bebé empiece durmiendo en una cuna o cama para bebés (ver pág. 46) o en un moisés (es más transportable). O quizá quieras que el bebé duerma por la noche en tu cama contigo, pero que durante el día descanse en otro lugar. También puedes decidirlo comentándolo con amigos con niños. Pregúntales qué decidieron ellos en su día.

Si dispones de sitio, seguramente querrás que el bebé tenga su propia habitación en un momento dado, aunque no sea imprescindible tenerla desde que nace. Respecto a que duerma o no en tu cama, suele ser muy reconfortante tenerlo cerca de ti. Una cuna o cama en tu habitación será la solución intermedia ideal. Algunos padres consideran esta solución difícil y les preocupa molestar al bebé, mientras que otros consideran tranquilizador tenerlo justo a su lado. El bebé también encontrará más reconfortante estar cerca de su madre. Además, facilita las tomas nocturnas.

El bebé estará caliente y cómodo con una manta suave.

En un moisés puedes mover al bebé de una habitación a otra con facilidad y sin molestarlo.

*Un butacón o una silla bien confortable
hacen más cómoda la lactancia
por la noche.*

Una variante de esta opción es que uno de los padres duerma en la habitación del recién nacido durante una temporada, por ejemplo, las primeras semanas o meses. Esta medida también permite a tu pareja dormir sin ser molestado. Si el bebé se alimenta con biberón, los padres pueden alternarse para dormir en la habitación del bebé y, así, realizar las tomas nocturnas.

Otra alternativa es que el bebé duerma con un hermano mayor, si lo tiene. Obviamente, esta opción requiere mucha diplomacia y, a veces, puede restarle libertad al segundo, además de poder molestar su sueño cuando el bebé se despierta por la noche. Sin embargo, a un hermano que tenga el sueño profundo le puede gustar tener al bebé cerca.

Si el bebé no va a estar en tu habitación, un intercomunicador te proporciona tranquilidad sobre su bienestar. Los aparatos que se venden incluyen todo tipo de funciones; los hay que tienen música o imitan el latido del corazón, los hay que tienen luz, que controlan la respiración y la temperatura del bebé e, incluso, que te permiten hablar con él desde otra habitación.

Alimentar al bebé

Si piensas dar el pecho al bebé, es muy importante disponer de un sillón cómodo. Pasarás muchas horas en él, por lo que debe ser adecuado. De nuevo hay que sopesar todas las opciones, incluyendo los reclinables y los sillones especiales para lactancia (que tienen las patas cortas, el respaldo alto, y los brazos son muy bajos o no tiene). También puedes utilizar un almohadón para estar más cómoda y para que te ayude a aguantar el peso del bebé; incluso el crío más pequeño puede parecer muy pesado al cabo de un rato en brazos si soportas todo su peso.

También tienes que pensar en qué habitación lo vas a alimentar. ¿Quieres tener el sillón de lactancia en la sala de estar, en la cocina o en su habitación? Si va a dormir contigo, ¿le darás de comer en la habitación también durante el día? Siempre puedes cambiar de opinión y mover el sillón una vez que haya llegado el bebé, pero a veces puede ser que no encaje bien en su nueva ubicación o que *choque* demasiado con la decoración.

Cuando el bebé empieza a moverse

Según vaya creciendo y se mueva más, tendrás que asegurarte de que todas las cosas peligrosas están siempre fuera de su alcance. Las esquinas en punta deben cubrirse y puntos de claro peligro como chimeneas o enchufes le deben quedar inaccesibles. No dejes nunca cables eléctricos colgando a su alcance. Montar un pequeño parque de juegos es una buena idea.

No dejes nunca al bebé desatendido sobre el cambiador. Si ya es capaz de girarse tumbado, es más seguro cambiarlo en un cambiador de viaje directamente sobre el suelo. Con cada nueva etapa de movilidad aparecen nuevos peligros, por eso hay que repasar a menudo la seguridad de todas las estancias. Agáchate y mira las habitaciones desde la perspectiva del bebé. Podrás observar peligros que se te hayan podido pasar por alto.

La mayoría de intercomunicadores posee funciones extra para controlar el latido del corazón o la respiración. Instalado en la habitación del bebé, da una mayor tranquilidad, ya que permite oírlo y asegurarte de su bienestar.

El bebé en tu cama

El calor y el contacto de la piel hacen que dormir con el bebé en tu cama sea de lo más reconfortante tanto para ti como para él. Pero, ¿podrás dormir? y ¿es seguro? Hay argumentos tanto a favor como en contra de que el bebé duerma en tu cama. Si todavía no has tomado una decisión, éstos son los principales pros y contras que debes considerar:

A FAVOR

- Los estudios han demostrado que los bebés que duermen con sus madres lloran menos.
- El padre se siente más cerca del bebé si éste duerme con ellos.
- Si le das el pecho, prácticamente no tienes que despertarte para la toma nocturna.
- Percibirás mucho más las necesidades del bebé y sabrás qué significa cada ruido que haga.
- Es más probable que el bebé coma más a menudo y que aguante más tiempo sin comer por la noche, con lo que se estimula con más rapidez su sistema inmunológico. Y los estudios muestran que no tienes por qué dormir menos por el hecho de tener al bebé en tu cama.

EN CONTRA

- En general, tu sueño se verá más perturbado.
- Puede resultarle más difícil al bebé dormirse si no estás en la cama.
- Puedes tener problemas para acostumbrar al bebé a dormir en su propia cama cuando sea mayor (los bebés que duermen con sus padres no quieren dormir en su propia cama hasta que no cumplen los cuatro o cinco años).
- Tu vida sexual perderá espontaneidad.
- Es una mala idea compartir tu cama con el bebé si tu pareja fuma, pues le expones al humo. Tampoco es recomendable si alguno de vosotros dos ha bebido, ha tomado drogas o padece algún trastorno del sueño como apnea. Además, es una mala idea si vuestra relación está atravesando una mala racha, ya que el bebé notará la tensión.

Tu embarazo

El útero es, en cierto modo, el mejor *hogar* que jamás conocerá tu bebé. Y puesto que tus estados físico y mental influyen en el bebé que está por nacer, es importante para ambos que tu embarazo resulte tan sencillo, saludable y relajado como sea posible. En efecto, durante nueve meses eres un hogar móvil para el bebé, por lo que deberías hacer todo lo que esté en tus manos para estar en buena forma.

Es prácticamente imposible vivir todo un embarazo sin estrés o fatiga, pero puedes aspirar a minimizar la tensión. Mantén los mínimos compromisos posibles; siempre puedes improvisar, pero cancelar compromisos si estás cansada es más difícil.

Si es tu primer embarazo, no subestimes lo cansada que puedas estar. Puede ocurrir que quieras dormir diez horas por la noche además de echarte una siesta durante el día. Aunque te parezca poco práctico, procura aproximarte al máximo a lo que tu cuerpo te pide. Si no necesitas dormir, te sentará bien aprovechar ese tiempo para relajarte y descansar.

Eres lo que comes

Esto también sirve para el bebé. Cuanto mejor comas en tu embarazo, mejor será para ambos. Es probable que experimentes todo tipo de extraños antojos o que desarrolles fuerte aversión hacia ciertos alimentos, pero, con todo, puede seguir siendo posible llevar una dieta sana teniendo en cuenta estos cambios.

Si sientes náuseas, evita alimentos que puedan tender a causarlas; en este caso los fritos y la comida grasa; una rebanada de pan tostado, por ejemplo, le sentará muy bien a tu estómago. Intenta comer con frecuencia en vez de hacer dos o tres comidas copiosas al día. Si eres golosa, lo más difícil puede ser resistirse a los dulces o pastas cuando te sientas cansada. Comer poco de manera frecuente ayudará a evitar que te baje el nivel de azúcar en la sangre, así que toma mucha fruta y verdura y hortalizas crudas fáciles de comer.

Repasa las vitaminas y minerales más importantes en el embarazo y asegúrate de que sigues una dieta equilibrada rica en los más importantes. Si no tomas la cantidad suficiente de algo, tu cuerpo dará prioridad al bebé que llevas dentro. Y, aunque resulta tranquilizador, significa que puedes sufrir con más facilidad deficiencias en minerales o vitaminas cuando estás embarazada. Una dieta saludable es, por lo tanto, extremadamente importante durante estos meses. Y sobre todo: aunque no quieras pesar mucho más, el embarazo no es el mejor momento para seguir una dieta.

Descansar mucho es esencial para un embarazo sano. No te sorprendas si duermes más por la noche y te apetece echar siestas durante el día.

Conviene vigilar la espalda

Durante el embarazo es importante observar cómo cambia tu cuerpo. La espalda es especialmente vulnerable y debes tener mucho cuidado en cómo levantas las cosas grandes o pesadas. Recuerda que debes mantener la espalda recta y doblar las rodillas. No levantes nada que no estés segura de poder mover sin hacerte daño.

Mímate aplicándote una máscara facial y relájate poniéndote un par de rodajas de pepino en los ojos.

Tomar un baño a la luz de las velas es una forma fantástica de desconectar al final del día.

Aprovechar al máximo el tiempo libre

Cuando descanses del trabajo, las tareas domésticas, la compra o cualquier otra obligación, utiliza el tiempo lo mejor posible. Ideas para relajarte bien y recargar energía:

• Quizá suene a lo de siempre, pero poner los pies en alto y tomarte una taza de café o té descafeinados es una de las mejores maneras de relajarse.

• Incluso una cabezadita de diez minutos puede ser muy beneficiosa.

• Túmbate con unas rodajas de pepino sobre los ojos.

• Resérvate hora para un masaje cada semana o dos (véase la página 87).

• Vete a la cama temprano y con un buen libro.

• Escucha música que te relaje.

• La risa es una de las mejores formas de relajarse y eliminar el estrés; aprovecha para ver tus películas de humor o comedias de televisión favoritas, o bien escucha programas desenfadados en la radio del coche si vas o vienes del trabajo.

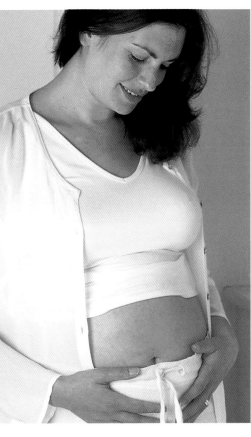

• Disfruta de un largo y apacible baño con los relajantes aceites de lavanda, neroli, sándalo o ylang-ylang. Enciende velas en el baño y pon música que te guste y te relaje; siéntate, reclínate sobre la espalda y disfruta de la experiencia.

En todas las indicaciones médicas se recomienda limitar severamente (o mejor aún, eliminar) la ingesta de cafeína durante el embarazo. Una taza de infusión descafeinada es el acompañamiento perfecto para un relajante descanso, y recuerda que tienes al alcance muchas tisanas deliciosas con plantas medicinales.

Trabajo y embarazo

Comunicarte con el bebé

Si estás muy ocupada es fácil olvidar que estás embarazada, así que dale a tu bebé toda la atención que puedas durante estos meses. Busca ocasiones para hablarle y para acariciarte el estómago, por ejemplo, cuando estás en el coche, en el ascensor, en la oficina o comiendo.

Si trabajas durante parte o todo el embarazo, es fácil que el tiempo pase inadvertido sin que te des tiempo de descansar o de prepararte para la llegada del bebé. Tus cambios de humor durante el embarazo le afectarán, por lo que cuanto más tranquila estés, mejor. Como el trabajo es un factor importante para determinar tu nivel de estrés, tiene que acoplarse al embarazo en vez de competir contra él. Si nunca has estado embarazada y desconoces las respuestas de tu cuerpo, tenlo bien en cuenta. Es probable que estés muy cansada, sobre todo el primer y el último trimestres, así que no te veas desbordada de obligaciones. Si trabajas por cuenta propia o puedes controlar tus horas de trabajo, procura establecer un momento a mitad del día para relajarte e incluso dormir. Aunque tus horas estén determinadas por un horario, asegúrate de no hacer más de las que puedes. Sigue pasos prácticos para reducir el estrés en el trabajo, por ejemplo, tener mucho tiempo para desplazarte a las reuniones, evitar las horas punta y conectar el buzón de voz del teléfono o el contestador automático cuando sientas necesidad de

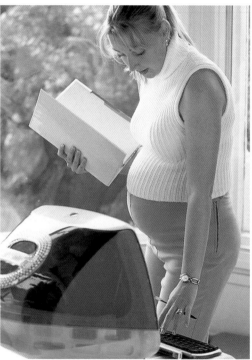

Ten tiempo de sobras para ir al trabajo o para desplazarte a reuniones y así evitar prisas y agobios.

descansar. Si nunca antes has tenido tiempo de poner en práctica estas técnicas de control del tiempo, ahora es el momento. No las vas a necesitar nunca tanto como ahora.

Apunta las citas con los médicos, el obstetra
o la comadrona en la agenda. Procura no
tener un horario demasiado ocupado.

Preparar a los hermanos

Él y nosotros

Una de las maneras más eficaces de preparar a los hermanitos para la llegada de un bebé sin crear celos es acuñar de manera muy sutil un «nosotros y él». «Nosotros» sois tú y tus hijos, y «él» es el bebé. Por supuesto, es un «nosotros» y «él» positivos, en el que «nosotros» hace todo lo que puede para dar la bienvenida y ayudar a «él».

Lo que se consigue es que, de manera implícita, el niño se alíe contigo (y no con el bebé) y forme parte de tu equipo, eliminando así motivos para los celos. También se consigue que tu hijo se sienta mayor y que vea que es de confianza. Puedes hacer comentarios del tipo: «Tendremos que cambiar el pañal del bebé bastante a menudo»; «Tu ayuda va a ser muy útil»; «Podemos enseñar al bebé tus juegos favoritos cuando crezca»; o «¿Elegimos un osito de felpa para el bebé?».

La mayoría de niños un poco mayores enseguida establecen vínculos de unión con el nuevo bebé, tanto si es hermanito como hermanita.

Deseas que tu nuevo bebé nazca en un mundo alegre y confortable. Si ya tienes otros niños, serán una parte importante de ese mundo y harás todo lo que esté en tus manos para que tu hijo o hijos mayores den la bienvenida a su hermanito o hermanita en un ambiente agradable. Es muy sencillo y básico: simplemente explícales que esperas un bebé. Sobre todo si tienes un hijo pequeño, ya que responden de forma mucho más positiva si no hay demasiadas sorpresas. Explícales lo que necesitan los bebés, por qué lloran, cuánto tiempo duermen, etcétera.

El mejor momento para acostumbrar a los hijos mayores a la idea de un hermanito nuevo y más pequeño es antes de que éste nazca. Sin embargo, los niños más pequeños creen que nueve meses es para siempre. Por eso, si tienes un niño que apenas camina, no hables demasiado sobre el nuevo bebé hasta unas semanas antes de su nacimiento.

Cuanto más grandes son los hijos, menor es el impacto que tiene el bebé (aunque supondrá un gran cambio en sus vidas). Pero si tienes un hijo en edad preescolar, simplemente compartir tu atención va a suponer una importante curva de aprendizaje, además de los cambios en la rutina diaria.

Un rol de responsabilidad

Los bebés suelen prestar el máximo interés a sus hermanos y encuentran muy estimulante observarlos; mucho más que observar a los adultos. Puedes explicárselo a tus hijos, para que se den cuenta de la influencia importante y formativa que van a ejercer sobre su hermano pequeño. Además, a menudo desarrolla un sentido de responsabilidad hacia el bebé incluso antes de que nazca.

Más consejos para ayudar a tus hijos a adaptarse a la llegada del bebé, en la página 54.

Con el enfoque adecuado puedes preparar
el trabajo preliminar para una relación
intensa y de amor entre hermanos
antes de que nazca el bebé.

2
Ordenar
y
hacer sitio

Crear espacio

Guardar de manera inteligente

Si no dispones de mucho sitio debes buscar soluciones. He aquí algunos ejemplos:

- Puedes comprar módulos de lona o con marco de madera relativamente baratos para guardar cosas; te ayudan a mantener los espacios ordenados y limpios y a reducir el desorden.
- Si tienes estanterías que siempre están desordenadas, ponles unas cortinas o puertas.
- Las cosas siempre parecen menos desordenadas si están limpias y son de color claro. Una capa de pintura a un viejo armario o ropero puede transformar una habitación y hacerla parecer más amplia, más limpia y más ordenada.
- Descubre dónde suele acumularse el desorden en casa y coloca un módulo o mueble auxiliar donde se necesite. Por ejemplo, si los zapatos siempre se acaban amontonando en la entrada, pon ahí un zapatero. Si siempre te quitas la ropa en tu habitación, pon allí el cesto de la ropa sucia en vez de en el lavabo; así habrá menos ropa en el suelo.

Ordenar de forma eficiente hace que sea más sencillo librar tu casa del desorden no deseado.

No puedes sentirte tranquila y relajada si estás rodeada de desorden. Si tienes muchos objetos innecesarios en casa o simplemente no tienes espacio para guardar los necesarios, tienes que hacer sitio para poder moverte con facilidad por la casa.

Ordenar la casa

A menos que estés en la envidiable situación de tener más espacio del que necesitas, tendrás que embarcarte en un ejercicio de limpieza y orden. La mejor manera de llevarlo a cabo es dedicarse a una habitación en exclusiva o reservarse un día (el tiempo que creas necesario) para ordenar toda la casa. (Recuerda, sin embargo, que si estás embarazada o acabas de dar a luz, te cansarás con más facilidad. Tenlo en cuenta y evita fatigarte).

Examina la casa metódicamente y utiliza la lógica a la hora de abordar las diferentes habitaciones. No vacíes todos los armarios y estanterías a la vez. Empieza con una zona y no sigas con otra hasta que no la acabes.

Hay dos maneras principales de reducir el desorden y crear espacio:

- Deshazte de todo lo que no necesites.
- Guarda lo que tienes de manera más eficaz.

Deshacerte de lo que no necesitas

Elige un momento en el que te sientas implacable y en el que puedas disfrutar del proceso de sacar todo lo que no necesitas. La mayoría de las personas sufrimos arrebatos de melancolía cuando nos ponemos sentimentales y otros cuando nos apetece hacer limpieza de cosas. Así que elige un momento en el que la tarea obtenga sus resultados. Puedes dividir los objetos de la casa en dos categorías:

COSAS QUE NECESITAS: Tira todo lo que no uses, incluyendo cualquier cosa que creas que puedas querer algún día (pero que probablemente no usarás nunca). Si hay algo que hace dos años que no usas, tíralo. (En el peor de los casos, siempre puedes sustituirlo si lo necesitas). Descarta cualquier cosa que esté rota y que no se haya arreglado. Si lo necesitaras, lo habrías arreglado. Y lanza todo lo que tengas por duplicado —seguro que necesitas una ensaladera grande en la cocina, pero no tres.

COSAS QUE GUARDAS POR RAZONES DECORATIVAS O SENTIMENTALES: El principio debería ser que si guardas algo por cariño o por motivos estéticos, tiene que estar a la

El desorden relacionado con el bebé

Un bebé puede acarrear una cantidad de equipamiento casi inverosímil y, en consecuencia, necesitarás tener espacio suficiente para todos los trastos que el bebé va a necesitar. Estudia con antelación dónde los vas a colocar, para tener el sitio preparado cuando llegue el momento. Éstos son algunos de los objetos más grandes para los que tendrás que hacer sitio:

- Moisés
- Capazo
- Silla para el coche
- Sillita de ruedas/cochecito (más el plástico para la lluvia, la sombrilla y el saco)
- Cambiador
- Bañera
- Mecedora
- Andador

Si tienes sitio, compra un armario o un ropero resistente para guardar la ropa del bebé y algunos objetos mayores (véase más arriba).

vista. Si no lo está, no deberías conservarlo. Revisa los armarios y si de verdad quieres conservar algo, desempólvalo. De lo contrario, tíralo.

No te olvides de los objetos que son más grandes. Puedes conseguir más espacio si eliminas unos pocos bultos grandes que quitando muchos pequeños. Piensa si de verdad necesitas todos los muebles que tienes. ¿Los utilizas todos? ¿O simplemente están ocupando espacio que podrías utilizar de forma más eficaz o dejar sitio libre para tener más desahogo?

A continuación, tienes que pensar qué vas a hacer con las cosas que has desechado. Éstas son algunas de las posibilidades:

- Darlas a amigos.
- Donar lo que esté en buen estado a la caridad.
- Si has descartado libros, puedes venderlos a librerías de segunda mano.
- Lleva el resto al depósito municipal o alquila contenedor si hay mucho que tirar.

Guardar las cosas de forma más eficaz

Incluso cuando ya has tirado todo lo que has podido, puede que la casa siga pareciendo desordenada. Si eso te irrita ahora, no es nada comparado con lo que sentirás cuando pases noches sin dormir y tengas añadidas todas las tareas del bebé.

La manera de ordenar la casa, una vez que has descartado todo lo que has podido, es guardar el resto de la forma más práctica. El principio más importante que tienes que seguir aquí es que cuanto más ordenadas estén las cosas, más eficazmente podrás guardarlas. La ropa interior guardada de cualquier manera en un cajón ocupa más espacio que si se apila ordenadamente. No todos tenemos tiempo de doblarla cada vez que la lavamos, pero si la estiramos un poco ocupa menos.

La idea de guardar las cosas ordenadamente se puede aplicar a toda la ropa y a todo el contenido de los armarios del baño, la cocina, el despacho, el cobertizo y demás. La mesa auxiliar del comedor, por ejemplo, lucirá mucho más si ordenas los libros y las revistas que se amontonan. Y un aspecto más cuidado te ayudará a sentirte más relajada.

Para guardarlo todo eficazmente, también necesitarás espacios de un tamaño adecuado. Si adjudicas cuatro cajones para todo el papeleo de la casa, seguro que los llenas. Pero si guardas de manera eficaz y ordenada (deshaciéndote de todo lo que no necesitas) quizá sólo necesites dos y, así, puedes destinar los otros dos a cualquier otra cosa. De igual modo, resulta poco eficiente guardar toda la vajilla en un armario pequeño, pues cada vez que necesitas algo, tienes que sacar todas las piezas que hay delante.

Ajustar el espacio que tienes para almacenar a la cantidad que necesitas puede significar intercambiar el contenido de algunos armarios y estanterías. Por ejemplo, si sacas las toallas del armario de ropa de la casa y las colocas en una estantería en el baño, puedes ganar un espacio muy valioso y a mano de todas las habitaciones.

Para mantener tu casa ordenada, impone el hábito de devolver las cosas a su sitio después de utilizarlas. No tardarás en hacerlo de manera casi automática y sólo necesitarás un momento de nada para colocar las cosas.

Las barras para colgar se pueden utilizar para objetos como juguetes blandos.

Ordenar la cocina

El bebé en la cocina

Tendrás que guardar bastantes accesorios en la cocina cuando llegue el bebé, por lo que tienes que asignarles un lugar. Los objetos más habituales son:

- Esterilizador
- Biberones
- Cuencos, cucharas, tazas, etc.
- Baberos
- Comida del bebé
- Robot de comida
- Trona

Sólo teniendo la cocina recogida y limpia tienes más espacio para trabajar en ella.

Cuanto más espacio puedas tener en la cocina, mejor –no puedes tener demasiado porque el bebé va a ocupar todo el que tengas. Como la cocina es una estancia en la que siempre estás ocupada y en la que para nada te relajas, es doblemente más importante mantenerla limpia y ordenada.

La mayoría de sugerencias son fáciles de llevar a cabo. Alguna puede suponer tener que comprar algunos muebles nuevos, pero no tienes que hacerlo todo a la vez, sobre todo cuando se está ahorrando para los gastos que vendrán después con la llegada del nuevo miembro de la familia. Planea lo que te gustaría cambiar y hazlo cuando puedas permitírtelo, pero procura cambiar primero las cosas que suponen la mayor diferencia.

Espacio eficiente

Para empezar, puedes echar un vistazo a los armarios donde guardas la comida y tirar todo lo que haya caducado. En segundo lugar, tira o regala lo que no vayas a usar, como esa lata de paté de luxe que te regalaron en Navidad pero que no te gusta.

Sé implacable con las ensaladeras, jarros y otros cacharros de la vajilla que nunca usas. Sé especialmente inflexible con los que prácticamente no utilizas, desde cortahuevos hasta bolsas neveras. Procura tener los cacharros de la cocina lo más cerca posible del lugar donde los utilizas; te hace el trabajo más fácil. Por ejemplo, las cucharas de madera y las espátulas están mejor en un bote al lado del horno que en un cajón al otro lado de la cocina.

Los muebles también pueden ser la causa del desorden de una cocina. Asegúrate de que las sillas se pueden esconder debajo de la mesa. Si las cosas de la cocina las guardas de manera independiente, procura tener uno o dos armarios grandes en vez de varios pequeños. Cuanto más armónico quede todo, menos desordenado parecerá.

Esto no significa que tengas que evitar piezas separadas, sino que las hagas parecer más uniformes entre sí. La manera más sencilla de conseguirlo es pintarlo todo del mismo tono. Si los muebles no están pintados, dan más sensación de calma si el color de todas las maderas es similar en vez de tener mezcla de roble y pino, por ejemplo.

Destina una estantería o un armario de la cocina para guardar las cosas básicas que necesitarás para el bebé, como tarros, baberos, cuencos y cucharas.

Trucos y consejos en la cocina

- Una cocina pequeña parece mayor con estantes que con armarios, pues da más sensación de espacio. (Sin embargo, los armarios son más útiles para las cosas que más utilizas porque evitan que cojan polvo).
- Con un estante estrecho un poco por encima de la zona de trabajo, tendrás a mano los utensilios que suelen estar en el mármol y conseguirás más sitio para preparar la comida.
- Si los estantes son bastante más altos que los botes y paquetes que soportan, añade otro estante entre medio. Encontrar las cosas seguirá siendo sencillo aunque el nuevo estante sea más estrecho que los demás.
- Si tienes sitio en alguna pared, utilízalo para guardar cosas. Puedes colgar algún plato, cazuelas cerca del horno o colocar todas las tazas en una hilera de ganchos.
- Las persianas dan más sensación de amplitud que las cortinas y, además, son más prácticas.

Si tienes estantes, debes tener cuidado. Asegúrate de que los bebés o los niños pequeños no alcanzan a ellos y que no guardan ningún objeto potencialmente peligroso como utensilios de cocina cortantes o pesados, vajilla, cristalería o productos de limpieza.

Recoger el baño

Consejos para el cuarto de baño

- Si el baño es pequeño, busca mobiliario que aporte espacio, como los taburetes con un cajón en el asiento.
- Si el cesto de la ropa sucia tiene que estar en el lavabo, que te permita sentarte sobre él.
- Cuando el bebé empiece a caminar, tendrás que cerrar con llave el botiquín, ponerlo fuera de su alcance y guardar en él todas las medicinas y objetos que pueden entrañar peligro, como las cuchillas de afeitar.
- Procura que las toallas colgadas no ocupen demasiado espacio en la pared para aprovecharlo con algún mueble. Las puedes colgar delante del radiador o debajo de la pila.
- Cuando el bebé haya crecido lo suficiente como para utilizar el baño, querrás tener espacio para un taburete donde sentarte mientras él se baña.
- No malgastes el espacio que queda debajo de la pila. Si no dejas la toalla ahí, revístelo para hacer un armario.
- Si hay ventana, los estantes de cristal quedan bien con botecitos, aceites y sales de baño, y suponen más sitio para guardar cosas (pero, por seguridad, asegúrate de que los niños no los alcancen).

Los cuartos de baño suelen ser pequeños, a pesar de ser una de las estancias más funcionales de la casa y una de las más concurridas a ciertas horas del día. Por lo tanto, es muy importante mantenerlo recogido.

Seguro que es posible sacar ciertas cosas para conseguir más sitio. Por ejemplo, todos los artículos de tocador que no utilizas diariamente, productos de limpieza y el papel higiénico pueden guardarse fuera del baño, quizá en una habitación, en el hueco de la escalera o en el armario de la entrada.

Los baños son bastante propensos a verse desordenados sólo por cómo están decorados o amueblados. Como suelen ser pequeños y estar llenos de cosas funcionales, lo más importante es no tener sensación de agobio. Y lo que es más

importante: el baño suele ser el espacio de los padres, por lo que también tiene que parecer tan relajante y refrescante como sea posible.

Las principales responsables de que los lavabos parezcan estrechos y desordenados son las cortinas, tanto la de la ventana como la de la bañera. Es más conveniente que sean de colores claros y sin volantes o diseño cargado. Suele ser mejor poner una persiana en la ventana y que encaje en el marco. Si la repisa de la ventana también la utilizas para dejar cosas y no quieres prescindir de ella, opta por las cortinas, pero que sean claras y sencillas.

Sigue estas mismas pautas para la decoración de todo el baño. Los colores claros y luminosos te ayudarán a crear sensación de espacio y orden para que disfrutes más del baño.

El bebé en el baño

Algunas de las cosas que van a necesitar sitio en el baño cuando llegue el bebé son:

- La bañera del bebé
- Las toallas del bebé
- Los pañales
- Toallitas absorbentes y secantes
- Polvos de talco, el aceite de baño, el jabón y el champú del bebé y otros artículos de tocador

Un cesto grande evita que la ropa sucia se deje en el suelo del baño.

Ordenar el resto de la casa

Poco y frecuente

Para que las habitaciones estén recogidas, el consejo es sencillo: arréglalas a menudo; si es necesario varias veces al día. Te llevará tan poco tiempo que no te darás cuenta de que lo estás haciendo. Si dejas que se amontonen las cosas, volver a ordenarlas se convierte en una tarea muy pesada.

Una vez que te acostumbras a ordenar con frecuencia, resulta muy sencillo. Si no es lo habitual en ti, oblígate a hacerlo dos veces por semana y no tardará en ser automático.

Una vez que te acostumbras a ordenar, te gustará encontrar las cosas con tanta facilidad.

Aunque se puede decir que la cocina y el cuarto de baño son las estancias más concurridas de la casa y, en consecuencia, más propensas al desorden, seguro que también tendrás que recoger y ordenar otras habitaciones. Una casa recogida de forma eficiente ayuda a sentirte más tranquila, menos agotada y resulta más fácil estar en ella.

Recibidor

Es muy fácil llenar el recibidor. Según van entrando los diferentes miembros de la familia se van amontonando cosas y, a veces, no se guardan de la mejor manera, especialmente si ya tienes niños. La solución es doble:

- Haz sitio para todo lo que se tenga que guardar en la entrada.
- Sé concienzuda al cambiar de sitio todo lo que sacas del recibidor.

Seguro que necesitas perchas para los abrigos, ya sea dentro de un armario o en la pared. Es probable que también quieras hacer sitio para el calzado, bolsos y maletas, y tener un estante o mesa para las llaves, dinero suelto y otros objetos pequeños. Según el espacio del que dispongas en casa, es probable que también acabes guardando el cochecito, el carro o la silla para el coche del bebé en el recibidor.

Si el espacio está muy solicitado, procura que los muebles que compres aprovechen el espacio al máximo. Por ejemplo, un armario estrecho puede tener una doble función: se pueden dejar encima las cartas que se tienen que enviar y guardar en su interior botas. Es importante no desaprovechar las paredes: un armarito para las llaves o estantes a la altura de los ojos por encima de otro mueble maximizan el espacio.

Salón

Es la zona donde más te vas a relajar y poner los pies en alto, así que es importante que aporte calma y que esté ordenada. Si no es así, plantéate cambiar los muebles de sitio. También puedes quitar algún cojín o cambiar el tapizado y el tejido de las cortinas para que sea más sencillo y crear más sensación de espacio abierto. Ordenar el contenido de las estanterías también ayuda mucho. Si están llenas de trastos o de libros que se apilan unos encima de otros, recógelas.

Es probable que en esta sala guardes muchos juguetes, así que procura dejar sitio para ellos, preferiblemente un armario o un rincón que quede escondido por las noches, cuando el bebé duerme. Si no lo haces, la habitación volverá a estar desordenada en unos pocos meses.

Dormitorio principal

Si el bebé va a dormir en su habitación, la tuya no debería verse demasiado afectada. Si, por el contrario, va a dormir contigo, quizá tengas que hacer sitio para una cuna y un lugar donde cambiarle por las noches. Puede que también sea la habitación donde guardes la ropa del bebé, por lo que le tendrás que buscar sitio. Los dormitorios suelen tener poco espacio libre para añadir más muebles; quizá la mejor opción puede resultar vaciar los cajones y armarios que ya tienes.

Cuarto lavadero

No te olvides de este cuarto, que es única y exclusivamente funcional y, en consecuencia, un lugar que debe estar en orden. Vas a tener mucha más colada cuando llegue el bebé y es probable que aproveches este espacio para guardar algunos de sus objetos, como los paquetes de pañales y otros que, de lo contrario, guardarías en la cocina como el esterilizador o, más adelante, la trona.

Necesitarás mucho mobiliario auxiliar o arcones para guardar todos los juguetes del bebé.

Ordenar otros espacios

Conducir con el bebé

Es probable que lleves muchos accesorios del bebé en el coche, como:

- La sillita para el coche
- Una bolsa con el material para cambiarle
- El cochecito
- La sombrilla, el plástico para lluvia y el saco para el cochecito
- Parasoles para las ventanas del coche
- Juguetes para el coche

La casa puede parecer el lugar obvio para limpiar y ordenar, pero no es el único. El garaje, el jardín e incluso el coche pueden beneficiarse de la misma tarea. Cuando el bebé es todavía pequeño, da la sensación de que está mal tenerlo en un lugar caótico o sucio, y eso incluye cualquier zona fuera de la casa donde es probable que pases ratos con él.

El jardín

Seguro que en invierno no sacas mucho al bebé al jardín, pero con el buen tiempo es un lugar muy agradable en el que pasar algunos ratos con él. Es mucho más natural para tu hijo oír el canto de los pájaros y sentir la brisa en su piel que permanecer dentro de la casa oyendo el zumbido del frigorífico y el timbre del teléfono.

Arregla el jardín antes de que nazca el bebé. Tira todos los utensilios y mobiliario de jardín viejos y rotos, y recorta todos los macizos de flores. Si sabes que no los vas a poder cuidar, considera la posibilidad de sustituirlos por césped, pavimento enlosado u otra opción atractiva y que dé menos trabajo. Necesitarás zonas con sombra para el bebé, pero asegúrate de que no crecen plantas venenosas a su alcance.

Garaje y lugares accesorios

Si guardas el coche en el garaje o tienes algún otro edificio accesorio donde tú y el bebé podáis estar, límpialo para la llegada del bebé. Es un ejercicio terapéutico y crea un entorno más higiénico y distendido para él.

De nuevo, quita cualquier cosa que estorbe o que esté rota, y guarda lo demás de manera efectiva. Ten siempre presente la seguridad, pues el bebé no tardará mucho en llegar a las herramientas, al cortacésped y otros aparatos peligrosos. Incluso con tres meses, un bebé puede alargar el brazo y tocar cualquier cosa que esté a su alcance según paseas con él.

El coche

El coche es una extensión de tu casa y en él pasará mucho tiempo tu hijo. Limpia bien su interior y asegúrate de que está en las condiciones que te gustaría que viajara un frágil bebé. Si el bebé nace en el hospital, conocerá antes el coche que la casa.

Recuerda que en el coche cualquier objeto pesado no sujeto representa un peligro tanto para ti como para el bebé en caso de frenada brusca. Así que no lleves sueltas latas de gasolina, herramientas y demás en el habitáculo de los pasajeros.

*Al bebé le encantará dormir al aire libre,
en un lugar seguro, tranquilo y con sombra.*

Hacer sitio

Abre la ventana de par en par para que entre aire fresco en la casa después de limpiarla a fondo.

Una vez que hayas acabado de ordenar la casa, el garaje y el coche, es el momento de una limpieza minuciosa. Como los bebés son susceptibles a muchos gérmenes e impurezas, necesitan un entorno limpio. Pero es más que eso: si un lugar se va a convertir en un espacio para el bebé, necesita una limpieza a conciencia.

Empieza con una limpieza general de toda la casa para que esté fresca y limpia. A continuación, airéala, abriendo las ventanas y dejando que llegue el aire fresco a todos los rincones. El siguiente paso es tener la casa limpia hasta el nacimiento del bebé (y mantenerla así después). Con un poco de suerte, puedes tener un súbito impulso de volver a limpiar a fondo unas semanas o días antes de que nazca el bebé; muchas mujeres preparan así la casa.

Consigue la cooperación del resto de miembros de la familia. Cuando estás en una etapa avanzada del embarazo, no hay tiempo de embarcarse en pesadas tareas de limpieza. Procura que toda la familia respete el entorno limpio y que lo mantenga así. Si todo el mundo limpia y ordena después de ensuciar, resulta mucho menos pesado.

Rituales de purificación

El *smudging* es una tradición nativa americana que ha ido aumentando su popularidad. Consiste en un ritual de purificación que elimina cualquier energía negativa del hogar y puede utilizarse para limpiar la casa a modo de preparación para la llegada del bebé. Purifica la casa moviéndote por ella con incienso para que el humo la impregne en su totalidad.

Puedes encontrar incienso especialmente preparado para este fin, en manojos de palitos o en polvo, que puedes tener en un cuenco. Otra opción es comprar cualquier tipo de palitos de incienso o utilizar las plantas naturales para conseguir el mismo efecto. Las plantas tradicionales utilizadas para el smudging son la salvia (la planta más usada), el cedro o la hierba santa. También se pueden usar otro tipo de hierbas como el enebro o la hierbabuena.

Smudging

1 Para llevar a cabo el ritual del smudging colócate en el lado oeste de la casa. Enciende el incienso o los palitos de smudging y empieza por purificarte tú misma, poniéndote el incienso sobre la cabeza y luego moviéndolo hacia abajo por delante de ti mientras lo balanceas.

2 Repite el movimiento por la derecha, de cabeza al suelo. Haz lo mismo por la espalda y, finalmente, por la izquierda.

3 Luego describe tres veces con el incienso un círculo en sentido de las agujas del reloj por encima de tu cabeza.

4 Por último, empezando desde el lado este de la casa, camina en círculos en el sentido de las agujas del reloj por todas las habitaciones. Visualiza el humo según vayas pasando por ellas. Aguanta un poco más en los lugares que van a ser especialmente importantes para el bebé, como el espacio por encima de su cuna.

Repite este ritual tantas veces como quieras hasta que nazca el bebé. Puedes seguir haciéndolo después, pero no expongas al recién nacido directamente al humo.

3
Crear
un lugar de
armonía
y tranquilidad

Utilizar el Feng Shui

Se puede mejorar el «chi» de una habitación con luz y movimiento. Un móvil de colores sobre la cuna o la cama del bebé aumenta la energía, el «chi», en su habitación (véase la página siguiente).

El Feng Shui es el antiguo arte chino de ordenar el entorno para optimizar el flujo beneficioso de la energía universal, conocida como *chi*. Esta energía existe en y alrededor de todo. La idea es que el *chi* debería estar en continuo movimiento para atraer buen Feng Shui, que da lugar a una calma instintiva y a una atmósfera armoniosa, o sea, exactamente lo que necesita el bebé para disfrutar sus primeros meses de vida con tranquilidad.

El *chi* necesita calma y paz para ser armonioso, pero no debe dejar de fluir del todo porque si no se estanca y la energía o atmósfera del lugar se anula. El objetivo es conseguir que el *chi* fluya a un ritmo equilibrado y constante, como un riachuelo manso, con remolinos y corrientes, pero nunca con zonas de rápidos o agua estancada.

Equilibrio natural

Para lograr el correcto flujo de *chi* tienes que saber lo que le gusta. El *chi* se moverá a un ritmo agradable y apacible cuando tenga mucha luz y aire; le gusta fluir por los espacios abiertos y las curvas suaves. Entra en las habitaciones a través de las puertas y ventanas y se mueve libremente por todo el espacio con buen Feng Shui, llegando a todos los rincones. Le cuesta llegar a los recovecos y esquinas oscuros, por lo que tendrás que eliminarlos o al menos adaptarlos (más adelante veremos cómo) para que el *chi* pueda recorrerlos.

Puedes considerar que el proceso de fortalecer el *chi* está relacionado con la ventilación de la casa. Quieres que el aire fresco llegue a todos los rincones, pero sin corrientes y menos aún ventiscas o vendavales corran por ella.

Acelerar el flujo del «chi»

Si tienes en casa escondrijos y rincones oscuros, habitaciones pequeñas o zonas desordenadas, el *chi* no podrá fluir de manera uniforme y hacer llegar la armonía. El primer paso es ordenar esos lugares para eliminar obstáculos que pueden interrumpir el fluir del *chi*. Luego puedes mejorar aspectos utilizando uno de los siguientes remedios tradicionales de Feng Shui, que activa el *chi* que se estanca en esos lugares:

LUZ: Deja que entre más luz por la ventana, quizá abriendo más las cortinas. También puedes utilizar bombillas de mayor potencia, colocar una luz en un rincón oscuro o añadir algún espejo para que la luz que entra se refleje y multiplique.

SONIDO: Los móviles de campanilla son los clásicos remedios de Feng Shui en estos casos, pero se puede utilizar cualquier cosa, desde algún mecanismo de agua de interior hasta un reproductor de CD o DVD.

MOVIMIENTO: Todo lo que se mueve funciona para estimular el *chi* en zonas muertas, incluyendo una bandera, un mecanismo de agua, un móvil de campanilla o el humo del incienso (sin exponerlo directamente sobre el bebé). El remedio más natural son los móviles.

APARATOS MECÁNICOS: Son mecanismos funcionales que se mueven o funcionan con electricidad, como la televisión o un ventilador eléctrico. Si demasiada electricidad proporciona al aire un rumor desagradable, puedes utilizar un reloj de pared. En la habitación del bebé puedes poner una luz de noche giratoria (véase la página 48).

Consejos para la habitación

- Asegúrate de que hay mucha luz en la habitación. Si hay rincones oscuros, usa un remedio para iluminarlos (ver página 49).
- Procura que la cuna o el moisés de tu bebé no esté en contacto directo con el suelo para que el *chi* pueda fluir por debajo.
- Coloca la cuna o el moisés lejos de las ventanas y donde la puerta sea visible (en otras palabras, nunca detrás de la puerta, una estantería u otra forma de obstáculo).
- No coloques la cuna o el moisés debajo de una fuente directa de luz.

Las plantas aportan vida a tu hogar, tanto literal como metafóricamente.

COLOR: es un remedio muy asociado con los niños y resulta ideal para las habitaciones en las que el bebé pasará más tiempo. Los colores vivos y luminosos hacen que el *chi* se mueva, así que, aunque prefieras los colores claros, un toque fuerte animará la habitación.

VIDA: Las plantas son un ejemplo claro, pues logran que el *chi* visite las esquinas y estantes donde las colocamos. Cualquier planta viva aporta buen Feng Shui a estas zonas; basta con evitar las venenosas cerca de los niños, claro está. Una alternativa puede ser una pecera.

Reducir el flujo de «chi»

A veces el *chi* se mueve demasiado rápido, por ejemplo en los pasillos y vestíbulos largos o en escaleras rectas. Fuera de la casa, los caminos rectos en los jardines suelen alejar rápidamente el *chi* de allí.

Normalmente se puede saber cuáles son estos lugares porque no son zonas en las que guste estar más tiempo del necesario; desprenden intranquilidad. En general, al *chi* no le gustan las líneas rectas por esta tendencia a fluir demasiado rápido. En estos casos se pueden utilizar dos remedios Feng Shui para reducir la velocidad del *chi*:

QUIETUD: Una estatua o cualquier objeto grande y pesado hará que el *chi* vaya más despacio. En un pasillo o vestíbulo largo, un único objeto atrayente aliviará el ambiente intranquilo.

LÍNEAS RECTAS: Puedes deshacer el *chi* que circula en línea recta por un pasillo colocando objetos como un palo de bambú, de manera que lo redireccione en un ángulo de unos 45 grados del pasillo. También es útil empapelar la pared con líneas verticales o cuadros.

Feng Shui en el cuarto de los niños

Además de los principios básicos del Feng Shui, existen unas pautas específicas para un fluir suave del *chi* por toda la casa. La primera habitación que hay que abordar es, obviamente, la del bebé.

Si puedes elegir para él entre varias habitaciones, escoge la que dé más sensación de seguridad. Por ejemplo, que esté al final de la casa o cerca de tu habitación. Es preferible que sea íntima (aunque no demasiado pequeña) a grande y con el techo alto (ya ves que el Feng Shui rebosa un sencillo sentido común). Si puede ser, el lugar perfecto para el bebé es una habitación en el lado norte o este de la casa.

Feng Shui en la cocina

La cocina puede llegar a estar muy ocupada y desordenada si no vas con cuidado. Como en ella pasas mucho tiempo, es inevitable que el bebé también. Mantén la habitación tan sosegada y en calma como te sea posible para preservar la armonía del Feng Shui.

• Asegúrate de que la sala es luminosa y brillante, sin rincones oscuros. No puedes tener demasiada iluminación en la cocina. Añade espejos o azulejos de espejo, o utiliza tonos cromados para conseguir que la luz sea lo más natural posible.

• Haz todo lo que puedas para que esté arreglada y asegúrate de que hay suficiente lugar para guardar las cosas. También es importante tener muchas zonas de trabajo libres.

• Mantén los aparatos eléctricos en buen estado, pues es mal Feng Shui tener un aparato estropeado.

• Neutraliza toda esa electricidad con plantas. Las flores naturales también aportan una pincelada de color y frescura.

Feng Shui en el baño

El baño debería ser un lugar de relajación y placer tanto para ti como para el bebé. La hora del baño es una bonita manera de relajarse antes de irse a la cama. El agua es un elemento natural del Feng Shui (literalmente, el término significa «viento y agua»), por lo que el baño ya posee muchos remedios (movimiento, sonido, aparatos mecánicos –los grifos– y luz reflejada).

• Mantén el baño ordenado; es importante que haya tanto espacio libre como sea posible para moverse sin dificultad.

• El movimiento, la luz y el sonido del agua hacen que el *chi* esté en constante movimiento. Utiliza colores suaves para evitar que sea demasiado vibrante.

• Asegúrate de que puedes ver la puerta desde la bañera y desde la bañera del bebé. Si está en una esquina, coloca un espejo de tal forma que puedas verla.

Feng Shui en el salón

Es probable que el salón también sea el cuarto de juegos del bebé. Será, pues, muy fácil que esté desordenado, lo que significa que el *chi* tenderá a estancarse en él. Contrarresta esta tendencia con los siguientes remedios:

• Tener mucho espacio para guardar los juguetes para que no estén por medio cuando el bebé no los utilice.

• Asegúrate de que la habitación resulta cómoda, pero no la llenes de adornos.

• Piensa detenidamente dónde colocar el mueble principal y el sofá para que no sean un obstáculo en el juego.

Los móviles de campanilla son ideales para que haya sonido y movimiento en el jardín o cerca de una ventana abierta.

La habitación del bebé

Seguridad en el cuarto del bebé

Durante los primeros meses, las necesidades en cuanto a la seguridad del bebé irán cambiando. Cuanto más pueda llegar a las cosas y cogerlas o rodar, más son las precauciones que tienes que ir tomando. Es aconsejable que tengas presentes desde el principio los siguientes aspectos sobre seguridad en su habitación:

- Guarda los accesorios del cambiador, como son los pañales o las toallitas absorbentes cerca del cambiador, pero fuera del alcance del bebé.
- Sobre el cambiador utiliza un empapador que no sea del todo plano para evitar que el bebé ruede sobre él.
- Pon especial cuidado a la hora de guardar las medicinas.
- No tengas arcones que se abren con la tapa hacia arriba, pues podría cerrarse sobre la cabeza del bebé.
- Haz agujeros para que pase el aire en todos los arcones y armarios.
- Refuerza bien a la pared cualquier mueble que pudiera vencerse y caer.
- Pon pasadores de seguridad en los cajones para que el bebé no los abra.

Tómate todo el tiempo que necesites para comprar juguetes adecuados y preparar la habitación del bebé antes de su nacimiento.

Cuando estés embarazada de siete meses querrás empezar a preparar la habitación del bebé. Si va a tener su propio cuarto, dormirá en él cada noche y probablemente también las siestas. Puede que también sea el lugar donde le des el pecho tanto de día como de noche, le cambies los pañales y pases mucho tiempo jugando con él. Es decir, la habitación tendrá muchas funciones.

No obstante, es fundamentalmente una habitación para dormir y, en consecuencia, conviene decorarla con colores cálidos. Utiliza los primarios para la sala de juegos. Obviamente, quieres que la habitación resulte cálida y atractiva desde el primer momento, pero es importante no empezar sobrecargándola –ya se llenará de juguetes, cuadros y muebles auxiliares en unos pocos meses.

Cuando montes la habitación, no van a faltar cosas que adaptar a ella:
- La cama o la cuna
- Una silla
- El cambiador
- Sitio para los juguetes

- Espacio para la ropita
- Alguna lámpara
- El intercomunicador
- Estanterías
- Los primeros móviles y juguetes

El mueble más importante durante los primeros meses será la cuna. Es el único sitio donde dejarás de vigilar al bebé, por lo que tiene que ser seguro. Es su último refugio tras salir de tu útero. Al elegirla, no olvides asegurarte de que reúne todas las medidas de seguridad. Es importante que los listones o las barras estén lo suficientemente cerca entre sí (a no más de seis centímetros) y que el colchón se ajuste perfectamente para que no queden huecos peligrosos entre los bordes.

La posición de la cuna también es importante. Debe estar lejos de la ventana y de cualquier objeto peligroso al que el bebé pueda llegar sentado o de pie, como estufas, lámparas, cables, pequeños juguetes que se pueda tragar, pegatinas o papeles y muebles por los que

Una lámpara con luz tenue te permitirá saber cómo está el bebé sin que le molestes.

pueda escalar para salirse de la cuna.

Una vez que has comprobado que la cuna es segura, hazla acogedora. Colócala contra una pared y ponle un protector (hasta que el bebé lo utilice para escalar) para conseguir sensación de seguridad y evitar que haya corriente por ella. Ponle algún móvil o juguetes que reúnan los estándares de seguridad y que cuelguen de ella, pero no olvides que los tendrás que quitar cuando el bebé pueda alcanzarlos.

Si durante los primeros meses va a dormir en un moisés o cestito, por la noche puedes meterlo en la cuna con el cestito y cuando ya no quepa en él, simplemente lo metes directamente en su cuna. De esta manera, casi no notará el cambio.

Crear un rinconcito para la lactancia

Si vas a dar el pecho al bebé en su habitación, vas a pasar mucho tiempo en ella y seguro que querrás crearte tu propio espacio. Incluso aunque sólo lo utilices para las tomas nocturnas, vas a estar allí bastante tiempo. Cada toma puede durar una hora cuando el bebé es pequeño y algunos están más tiempo. En consecuencia, tienes que estar cómoda y ocupada. La solución ideal es crear un rincón donde tengas todo lo que necesitas para alimentar al bebé y disfrutar de la experiencia. Algunas de las sugerencias pueden ser:

• La comodidad es lo más importante. Elige un sillón que te sujete la espalda, el cuello y los hombros, y que tenga apoyabrazos bajos o que no los tenga.

• Es probable que quieras tener los pies en alto. Utiliza un taburete o una mesa baja. También puedes optar por una silla con las patas cortas o por una butaca reclinable.

• Debido a alguna imperfección de la naturaleza, un bebé pequeño no puede descansar en tu regazo mientras toma el pecho. Así que tendrás que colocarle algún almohadón para subirlo a la altura adecuada. Muchas madres utilizan un almohadón grande que resulta muy cómodo para aguantar el peso del bebé y algunos están especialmente diseñados para este propósito.

• Ten siempre a mano una colcha o una manta para no pasar frío cuando coma el bebé por la noche y, por supuesto, otra manta para que el bebé también esté lo más cómodo posible.

• También vas a necesitar una mesa cerca para tener todas las cosas a mano mientras come el bebé, sobre todo algo de beber y de comer, como fruta o algunas galletas. Así podrás recuperar la energía que pierde tu cuerpo al dar el pecho.

• Ten a mano algo que te entretenga, como un libro o revistas.

• Una radio o un reproductor de música también resultan muy útiles. Tenlos en la mesa o al lado del sillón.

Si conviertes en un refugio este rincón, disfrutarás mucho más de la experiencia.

Puedes poner una lámpara en la cama o justo al lado de ésta (las hay que proyectan la luz hacia las paredes y el techo). Recuerda de nuevo que sea segura. Y habrá que quitarla cuando el bebé pueda llegar a ella.

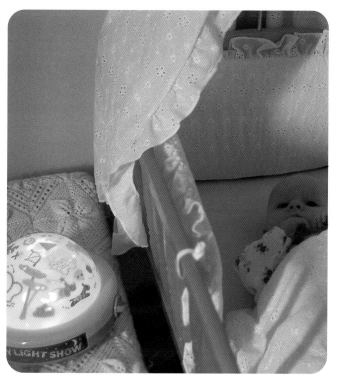

Iluminar la habitación del bebé

Hay momentos en los que necesitas mucha luz en la habitación, por ejemplo cuando cambias los pañales, y otros, como cuando el bebé duerme, en los que quieres luz tenue. Por tanto, la iluminación tendrá que ser flexible. Los bebés no tienen miedo a la oscuridad (acaban de pasar nueve meses sin luz en el útero), pero no puedes comprobar cómo está si no hay algo de luz en la habitación. Encender y apagar las luces puede molestarle, por lo que quizá prefieras tener una luz permanente pero tenue por la noche (aunque a medida que crezca, menos le va a gustar la oscuridad y más va a depender de la luz). Éstas son algunas ideas para iluminar la habitación:

• Un botón para regular la intensidad de la luz resulta muy útil.

• Cortinas tupidas o con forro para retener la mayoría de la luz exterior te permitirán oscurecer la habitación durante el día si no tienes persianas. También van muy bien para los meses de verano, pues los bebés suelen despertarse cuando se hace de día.

• Una luz lateral es muy útil, sobre todo a la hora de dormir. Asegúrate de que el bebé no puede llegar a ella, ni al cable ni al enchufe.

• También puedes optar por una luz que se conecta directamente al enchufe. La luz será tenue, pero suficiente para vigilar al bebé por la noche.

Eliminar lo innecesario

Poner la casa en forma

Cuando el bebé haya nacido, es probable que te quede poco tiempo para cualquier otra cosa que no sea primordial. Dar el pecho lleva mucho tiempo con algunos bebés y puedes sentirte muy cansada durante unos meses. De ahí que los últimos meses del embarazo sean un buen momento para arreglar ese grifo que gotea, cambiar la lavadora, fijar los estantes que no están bien sujetos, arreglar los escalones que crujen y la cerradura de la puerta, y llevar a cabo todos esos trabajos que hacen que la casa sea más agradable y para los que no tendrás tiempo en varios meses.

Procura que la habitación del bebé sea acogedora y que no tenga corrientes.

Además de conseguir todo lo que vas a necesitar para el bebé, también tendrás que deshacerte de todo lo que no quieras. En el capítulo 2 hemos abordado cómo ordenar la casa, pero quedan otros aspectos por tratar.

Temperaturas extremas

Los bebés no pueden regular su temperatura, así que hay que hacerlo por ellos. Puedes añadir y quitar ropa y mantas, pero ayuda mucho que la casa tenga una temperatura estable. Y su hogar ha de ser lo más agradable posible.

Asegúrate de que cualquier habitación en la que vaya a estar el bebé pueda mantener con facilidad una temperatura agradable. Si son frías, deberás invertir en algún tipo de estufa y eliminar corrientes, por ejemplo con burletes en la parte inferior de las puertas y en las ventanas.

Como se explicaba en la página 12, tan mala es la corriente para el bebé como que pase demasiado calor. Así que si tienes habitaciones que suelen ser muy calurosas en verano, deberías sustituir ventanas que no se abren por otras que sí lo hagan o instalar un ventilador de techo. Si la cocina dispone de unos fogones grandes que la hacen demasiado calurosa en verano, deberías considerar la compra de un pequeño horno.

Insectos invasores

Pocas irritaciones cotidianas como las picaduras de los insectos son tan molestas para los bebés, sobre todo cuando son tan pequeños e incapaces de rascarse. Debes, en consecuencia, proteger al bebé de los insectos, en especial por la noche. Utiliza mosquiteras en las ventanas o incluso una red alrededor de la cuna si fuera necesario.

Hacer poco ruido

No es necesario que tu hijo crezca en un completo silencio ni evitar cualquier ruido mientras duerme. Los bebés que tienen hermanitos mayores dormirán sin problema a pesar del alboroto existente e incluso aunque no tengan hermanos suelen dormir ajenos al ruido de fondo.

Sin embargo, demasiado ruido es estresante para cualquiera y tu tensión perjudicará al bebé. Así que si suele haber ruidos molestos en tu casa, intenta eliminarlos o minimizarlos. Arregla tuberías ruidosas y pon doble vidrio en las ventanas. Si resulta demasiado caro, instálalos sólo en la habitación del bebé.

Si tienes niños mayores que hacen bastante ruido, establece nuevos sistemas antes de que nazca el bebé. Debes insistir en que la puerta tiene que estar cerrada cuando la televisión está encendida y en un volumen máximo adecuado para la música.

Tu bebé crecerá saludablemente en una habitación tranquila.

Cada vez más ecológico

Pañales naturales

Son muchas las opciones que hay para elegir los pañales del bebé, pero la elección clave está entre los desechables y los de ropa. No existe en el mercado un pañal desechable ecológico que sea totalmente respetuoso con el medio ambiente. Sin embargo, ciertas marcas de pañales desechables intentan ser lo más naturales posible y mejores para el bebé y el medio ambiente que otras.

- No todos los pañales reutilizables son ecológicos, pero sí muchos de ellos. En general, son mejores que los desechables para el medio ambiente y, con el tiempo, resultan más baratos, aunque la inversión inicial es más cara. Sin embargo, no son adecuados para todos los bebés. Además de abultar más que los desechables, pueden provocar alguna erupción cutánea en las pieles más sensibles.

- Si no estás segura de qué opción elegir, pregunta a amigos con niños qué escogieron ellos. Seguro que algún dependiente puede hablarte de las marcas de pañales reutilizables y aconsejarte sobre los ecológicos. Busca los anuncios en revistas sobre bebés o pide consejo a tu médico sobre los proveedores de tu ciudad.

En la mayoría de supermercados hay gran variedad de comida biológica para bebés.

Hoy en día existe una sensibilización importante sobre los pesticidas, aditivos y ciertos productos químicos perjudiciales para la salud. Algunos, sin duda, lo son, mientras que otros lo son en cantidades poco conocidas. Aunque digan que no le hará ningún daño tomar alimentos modificados genéticamente o utilizar materiales no biológicos, algunos pueden dañar su delicado sistema.

Lo más seguro son los productos ecológicos. No son tan baratos, pero no hay que limitarse sólo a ellos. Existe ya una amplia gama de opciones ecológicas:

- Comida para bebés
- Fruta y verdura frescas
- Pañales
- Ropa
- Ropa de cama
- Transportadores de bebé

Los tarros de comida biológica para bebés se pueden encontrar en los buenos supermercados y tiendas dietéticas. En algunas también se pueden comprar alimentos frescos de cultivo biológico. Los aguacates y los plátanos sin cocinar son muy aconsejables desde el momento en que el bebé toma comida sólida, y también puedes hervir y preparar en puré muchas otras frutas y verduras como manzanas, peras, naranjas y zanahorias.

Si dispones del tiempo y el espacio, la mejor manera de alimentar a tus hijos con alimentos biológicos sería plantarlos tú misma, ya que así sabes exactamente con qué los alimentas. Aunque sólo dispongas de un diminuto trozo de tierra o de un par de árboles frutales, contribuirán a un saludable inicio para el bebé.

Alimentos naturales

Entre los cuatro y seis meses puedes empezar a dar al bebé fruta y verdura fresca trituradas. A esta edad tan temprana es tranquilizador saber que la comida del bebé es pura y biológica.

Las relaciones en la familia

El factor más sencillo para determinar la armonía que habrá en el hogar en el que nacerá el bebé es la propia familia. Tú y tu pareja, junto con otros hijos que ya tengáis, tenéis el poder de crear un hogar para vuestro nuevo bebé sólo con vuestro comportamiento, aunque viváis en un pequeño apartamento o compartáis el hogar con otros miembros de la familia como vuestros padres.

Los bebés son extremadamente sensibles al ambiente que hay a su alrededor, así que es importante asegurarse de que están rodeados de armonía y felicidad, y no de tensión y discordia. Aunque tengáis otros hijos, tú y tu pareja sois la mayor influencia en este aspecto. Antes del nacimiento del bebé, hablad y poneos de acuerdo en que procuraréis estar siempre alegres y relajados en su presencia.

No siempre resulta fácil mantenerse animado, sobre todo cuando estás aprendiendo a arreglártelas con un bebé. Y algunas parejas discuten como modo de resolver los problemas. Pero hay dos cosas en las que sí os podéis poner de acuerdo:

• Si la tensión aumenta, hablaréis de ello en cuanto os deis cuenta y no esperaréis hasta llegar a irritaros.

• Si os dais cuenta de que estáis levantando la voz y enfadándoos, os iréis donde el bebé no pueda oíros.

Hacerlo fácil para vosotros

Las tensiones a menudo afloran tras el nacimiento del bebé. Aunque el acontecimiento es alegre, no se puede negar que te deja exhausta y que puede suponer el inicio de semanas con noches sin dormir. Si además es tu primer hijo, existe el estrés consecuencia de las nuevas responsabilidades. Si ya tienes niños, pueden atravesar un periodo delicado cuando el nacimiento de un hermanito requiere más tu atención. Los siguientes consejos pueden ayudarte a llevar tu relación por el buen camino:

• Establece tiempo para estar juntos tanto como puedas. El mejor momento son las últimas horas del día, cuando la familia ya ha vuelto a casa. Aunque estés tranquilamente dando el pecho al bebé, puedes hablar a la vez. Siempre hay tareas por hacer, pero déjalas durante media hora (esto es más importante).

• Sigue comprobando cómo se las arregla tu pareja. No des por seguro que está en todo. Sólo porque sea duro para ti no significa que no lo sea también para él.

• Dormid en camas separadas de vez en cuando si os va a ayudar a que uno de los dos pueda descansar, pero no dejéis que se convierta en un hábito.

• Aseguraos de que notáis que los dos estáis teniendo responsabilidades. De lo contrario, es fácil que nazca resentimiento. Una de las maneras más sencillas de evitarlo es pactar que ninguno de los dos va a descansar al final del día hasta que esté todo hecho. Aunque tu pareja esté todo el día fuera trabajando, puede echar una mano cuando llegue a casa (si cree que trabajar fuera es más duro, haz que pase un día entero con el bebé durante el fin de semana. Se dará cuenta de que necesitas descansar tanto como él al final de la jornada).

• Cuidad al bebé por turnos, al levantaros por la noche y al estar con vuestros otros hijos. Aparte de dar el pecho, no hay nada más que no podáis hacer ambos por igual. Y compartirlo os ayuda a sentiros como un equipo unido.

Cómo involucrar a los hermanitos

Como se explica en la página 22, es esencial preparar a los hermanitos mayores para el bebé que estás esperando. De este modo, no habrá

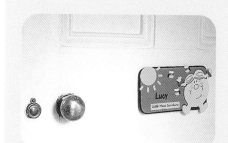

Es importante que tus hijos tengan la oportunidad de estar a solas sin el bebé.

Los bebés suelen prestar mucha atención a sus hermanitos mayores.

Humor en el baño

A los niños en edad preescolar no sólo les fascinan las funciones corporales, sino que se consideran expertos en cualquier cosa relacionada con el pipí y la caca. Puedes lograr que tu hijo se interese por el bebé simplemente comentando con él los puntos más sutiles de los pañales y su contenido.

demasiadas sorpresas cuando nazca. Intenta que se involucren en la nueva situación logrando su apoyo. Si les dices lo valiosos que serán y lo mucho que su nuevo hermanito o hermanita aprenderá de ellos y les querrá, les infundirás un sentimiento de orgullo y responsabilidad.

Una vez que nazca el bebé, mantén esta actitud animando al niño a que cuide del bebé. No le fuerces, ya que lo normal es que la mayoría de los niños quieran participar de esta tarea. Por ejemplo, pueden pasarte las toallitas cuando cambias los pañales o ir a por el babero al cajón.

Incorporar las nuevas rutinas

Si ya tienes algún niño un poco más grande, es probable que se adapte con más facilidad a la llegada del bebé que un niño más pequeño, siempre y cuando seas flexible a la hora de cuadrar las necesidades del bebé con las suyas. Si le dices que se ha acabado jugar a la pelota durante los siguientes meses porque coincide con la hora de comer del bebé puedes estar originando un conflicto. Es recomendable, en consecuencia, planificarlo todo con cuidado para evitar la mayoría de problemas.

Por mucho que intentes minimizar el trastorno en el estilo de vida de tus hijos, cuando llegue el bebé algunos cambios

serán inevitables. Para empezar, tú estarás menos disponible. Y es probable que ellos tengan que hacer menos ruido o acoplar sus actividades a la hora de comer o de dormir del bebé. Obviamente, cuanto más evites cambiar las rutinas de tus hijos, mejor. Pero cuando sea inevitable, intenta seguir estos consejos:

- Dales tantos avisos como sea necesario.
- Explícales la razón por la que es necesario que se adapten a la nueva situación.
- Admite que no es ideal, pero señala los beneficios u ofrece compensaciones («No puedo jugar contigo ahora mismo, pero te leeré un cuento»).
- Procura no insistir en que no pueden tener o hacer lo que quieren por culpa del bebé, porque seguro que aparecerán los celos.
- Hazles saber lo mayores que demuestran ser y destaca su creciente sentido de la independencia. Puedes empezar dejándoles hacer a ellos solos alguna cosa, como servirse su propia bebida. Eso les hace sentirse mayores y te ahorras el esfuerzo de hacerlo tú. Si son algo mayores, quizá sea el momento de dejarles ir solos en bicicleta a casa de un amigo en vez de llevarles tú. Cuanto más independientes sean, menos celos tendrán.
- No te olvides de elogiar su cooperación.

*Intentad pasar tiempo relajante en familia
y haz todo lo posible para ayudar
a tus hijos a aceptar al bebé.*

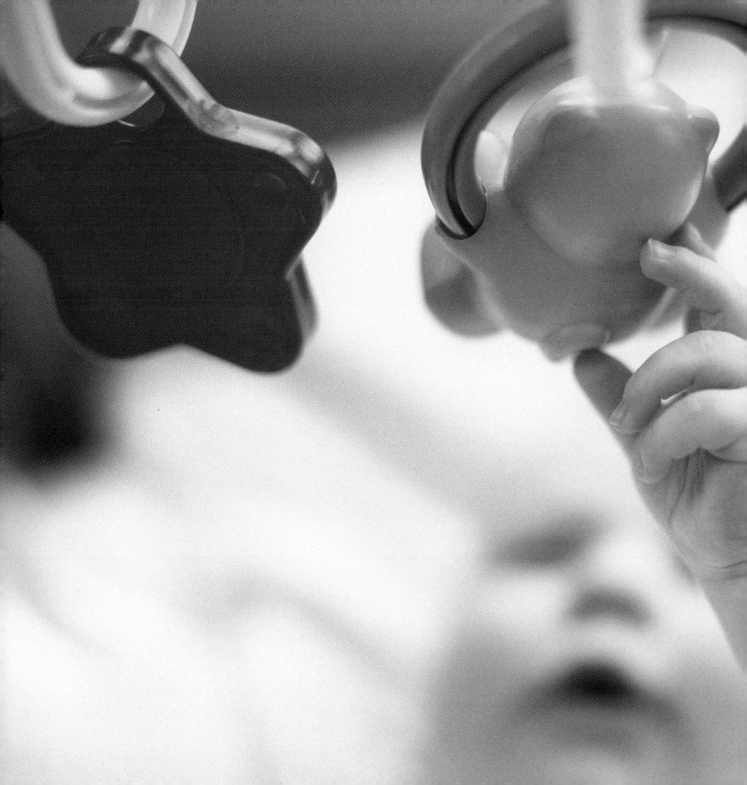

4

Introducir color, luz, movimiento y sonido

La psicología del color

Los colores tienen un gran impacto en nuestra psique; si no, ¿por qué hablamos de «verlo todo negro», «estar verde de envidia» o «enrojecer de cólera»? Los bebés son susceptibles al color como cualquiera, así que deberás pensar qué colores lo envolverán. Los colores generan reacciones diferentes, así que deben elegirse los que vayan bien con cada habitación.

Elige tonos suaves para el dormitorio para ayudar a dormir al bebé. Para las zonas de tu casa en las que el bebé estará despierto y jugando irán mejor colores más estimulantes. Si tu intención es tener un cuarto para el bebé en el que juegue y duerma, lo mejor será una combinación de colores suaves y vivos.

Elige colores relajantes como el azul claro, el verde y el limón para las mantitas del bebé y para acolchar el interior de la cuna.

Colores estimulantes

Los colores animados que estimularán la mente de tu bebé son los rojos, los naranjas y los amarillos. Todos estos tonos existen con diferentes matices y cuanto más brillantes y fuertes sean, más le estimularán. Por ejemplo, el amarillo girasol es más vibrante y revitalizante que el amarillo pálido.

Es posible que se sobreestimule al bebé, lo que puede provocar frustración e irritabilidad. Evita sobrecargar la habitación de colores muy cálidos. Utiliza matices más suaves, como melocotón en lugar de naranja, para rebajar la intensidad del efecto general.

Colores relajantes

Los colores que ayudarán a calmar a tu bebé son los verdes, los azules y los violetas suaves. Cuanto más pálidos sean los matices, más efecto relajante tendrán.

De todos modos, una composición únicamente con colores pálidos puede resultar demasiado sosa. Para evitarlo, salpícalo con colores animados, como azul de pavo real o verde esmeralda, que añadirán pequeños efectos estimulantes sin que el resultado final sea demasiado fuerte.

Los colores neutros, como el crema, son relajantes, pero también pueden avivarse con chispas de algún color más fuerte. Hay expertos que opinan que el blanco es un color muy frío para los bebés. Por eso será mejor tranquilizarlo con tonos algo más cálidos, libres de la severidad del blanco.

Utiliza cenefas y cortinas para añadir toques de color a la habitación del bebé.

Adecuar a tu estilo

Si, por ejemplo, lo que te gusta son los tonos pastel, ¿debes decorar el salón con colores primarios para estimular a tu bebé cuando juegue allí? Por supuesto que no. El salón está para que te relajes además de para que juegue el bebé. La solución sería utilizar tus colores relajantes favoritos, pero incluyendo matices en tonos más subidos. Por ejemplo, decorar con tonos neutros y añadir toques de color en telas y accesorios.

Decorar con colores

La pintura y el empapelado llenan de color la habitación del bebé. Pero, aunque las paredes a menudo fijen el decorado dominante de la habitación, existen muchas otras formas de inyectar color a tu proyecto decorativo; en especial, mediante el uso de telas.

Una buena idea es utilizar el color principal en las paredes, ya sea con pintura o con papel, para después atenuar el efecto con ropa de cama, cortinas u otras telas. Es probable que decidas usar rojos y rosas intensos para las paredes de la habitación de juegos. Entonces puedes suavizarlos con cortinas o fundas para las sillas de color rosa pálido o crema.

Como alternativa, puedes usar azul pastel para las paredes del dormitorio y ropa de cama roja y blanca. Para el bebé serán unas combinaciones más interesantes que elegir un tono intermedio y aplicarlo a todo lo que haya en la habitación.

Utilizar papel para las paredes y cenefas de colores brillantes es un modo sencillo y efectivo de aportar color a una habitación.

Iluminación

La luz que aportes a una habitación, tanto natural como artificial, tiene un gran impacto en el color general del espacio. Los colores brillantes sientan muy bien a una habitación soleada, pero pueden verse turbios en una poco iluminada. Este tipo de habitaciones más oscuras se ven mejor decoradas con colores cálidos.

Los colores intensos funcionan mejor con mucha luz para que las tonalidades se reflejen, así que, si quieres utilizar rojos y naranjas, asegúrate de que la habitación tenga suficiente luz. Si hay poca luz natural, utiliza más luz artificial.

También se puede añadir color con bombillas y luces de colores. Si son de colores cálidos contrarrestarán la austeridad de una habitación muy pálida o blanca, con lo que los colores intensos se verán más acogedores. Va bien para crear un dormitorio confortable y para que tu bebé se sienta de vuelta en la matriz.

El uso de la pintura

El lugar más obvio para aplicar pintura son las paredes, pero puedes aportar calidez y color a una habitación pintando los marcos de las ventanas, las puertas de los armarios y los muebles. Diviértete expresando tu creatividad al personalizar la nueva habitación del bebé a tu manera. Así, los empapelados y muebles estándar para bebés serán originales y con un diseño único.

¿Por qué no pintar su nombre con colores brillantes en una silla o en una cajonera, o incluso pintar todo el mueble? Si tienes inclinaciones artísticas, puedes pintar murales o crear tu propio friso para las paredes. Si no te fías mucho de tus

Encontrarás una amplia oferta de luces de colores para la habitación del bebé.

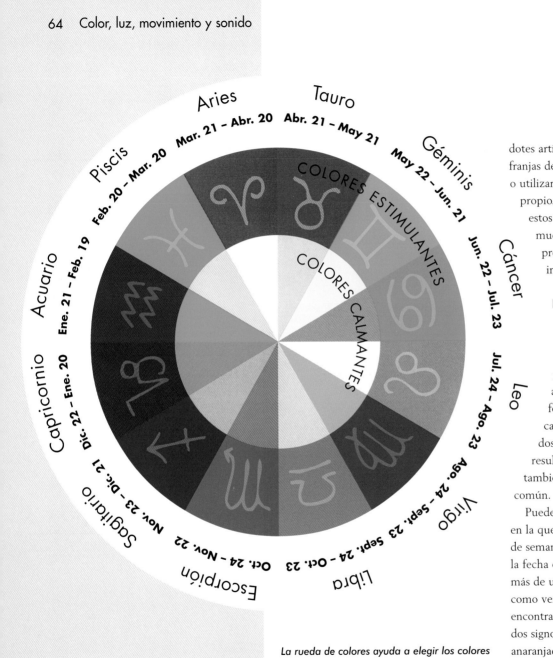

*La rueda de colores ayuda a elegir los colores
más adecuados para el dormitorio
o la habitación de juegos de tu bebé.*

dotes artísticas, puedes pintar simples
franjas de colores o formas geométricas,
o utilizar plantillas en lugar de un diseño
propio. A medida que el bebé crezca,
estos toques personales adquirirán
mucho valor y la falta de
profesionalidad carecerá de
importancia.

Los colores del zodíaco

Según la astrología, el signo bajo
el que nazca el bebé determinará
muchos aspectos de su
personalidad y los colores que le
atraerán. También se cree que la
fecha de nacimiento influye en el
carácter y en los gustos. Aunque
dos bebés nacidos el mismo día
resultarán individuos muy distintos,
también tendrán muchas cosas en
común.

Puede que no conozcas la fecha exacta
en la que nacerá tu bebé; calcula un par
de semanas de margen antes y después de
la fecha en cuestión, lo cual puede darte
más de un signo posible. De todos modos,
como verás en la tabla, a menudo puedes
encontrar una solución intermedia entre
dos signos vecinos. Por ejemplo, un rojo-
anaranjado suave iría muy bien tanto para
un bebé Piscis como para uno Aries, y
a un bebé nacido bajo el signo de Virgo,

Libra o Escorpio le atraerán los azules medios tirando a oscuros.

El margen externo de la rueda muestra los colores más estimulantes para los nacidos bajo el signo en cuestión, mientras que los colores del margen interno son los más relajantes para cada uno de los signos del zodiaco.

Colores y numerología

Un enfoque alternativo para la elección de los colores para la habitación del bebé es el basado en los números. La numerología es otro antiguo sistema que no puede probarse científicamente, pero que mucha gente considera un indicador fiable de la personalidad y los gustos.

Para seleccionar un color para el bebé mediante esta técnica, determina su número de la personalidad utilizando su nombre. Si tu bebé aún no ha nacido y no conoces el sexo, hazlo con tus nombres preferidos tanto para niño como para niña.

Cada letra tiene un número asignado. Utilizando el nombre de pila del bebé, mira la tabla de abajo para encontrar el número de cada letra y luego súmalos. Si el número resultante tiene dos o más cifras, súmalas. Hazlo de nuevo (si es necesario) hasta que obtengas un número del 1 al 9.

Por ejemplo, imagina que esperas una niña y que has pensado llamarla Megan. Sus números serían: M = 4; E = 5; G = 7; A = 1; N = 5. Esto suma un total de 22. sumando 2 + 2 obtienes el número final 4. Éste es el número para el nombre Megan.

Tabla de colores

La tabla de arriba muestra cuáles son los mejores colores para cada número. Por tanto, si tu bebé se llama Megan y, por tanto, tiene el 4 como su número de la personalidad, estará muy contenta en una habitación decorada en verde.

Tabla de numerología

1	2	3	4	5	6	7	8	9
A	B	C	D	E	F	G	H	I
J	K	L	M	N	O	P	Q	R
S	T	U	V	W	X	Y	Z	

Introducir luz y color

Ideas brillantes

La luz natural es importante para el bebé, que tras una pocas semanas aprenderá la diferencia entre el día y la noche. A menos que la habitación ya sea muy luminosa, asegúrate de que las cortinas pueden abrirse del todo y dejen descubiertas las ventanas para que entre el máximo de luz. Puedes aumentar la cantidad de luz de otros modos, en particular, reflejando la luz natural. Los espejos son el modo más sencillo, pero aquí tienes más alternativas:

- Cristales que cuelguen de las ventanas
- Móviles con superficies brillantes
- Ornamentos brillantes o reflectantes
- Materiales brillantes o reflectantes como los espejos cosidos a los encajes de un tapiz, o un mural con mosaicos de azulejos opalescentes (comprueba los mosaicos a menudo para asegurarte de que las piezas no se sueltan)

A medida que el bebé tenga más juguetes podrás utilizarlos para reforzar los colores de su habitación. Deja que entre luz natural y pega vidrios de colores en las ventanas (véase la página siguiente).

Hemos dado un vistazo a la composición de colores básica para la habitación del bebé y a los colores de paredes y telas, pero existen muchas otras alternativas para aportar color a una habitación. Valora los colores cuando tengas que elegir cualesquiera de los siguientes objetos:

- Muebles y accesorios
- Alfombras
- Complementos
- Cuadros, frisos y tapices
- Cristales
- Móviles
- Juguetes

Los juguetes para bebés son una muy buena fuente de colores y estímulos, incluso cuando el bebé solamente los mira y no los toca. Ten suficientes estanterías

para colocar los juguetes atractivos a la vista en lugar de guardarlos todos.

Cubrir las paredes

Las paredes desnudas resultan muy austeras y poco acogedoras, y no tienen nada que estimule el desarrollo de los sentidos del bebé. Decora las paredes con cuadros o pósters para que tu bebé los mire. Los tapices son un buen recurso para aportar más luz a una habitación y pueden introducir texturas además de colores. La suavidad de los tejidos aporta calidez a la habitación; algo tan sencillo como una manta de patchwork para el bebé suele quedar muy bien como tapiz. Puedes crear tu propio diseño abstracto hecho de ropa vieja de diferentes colores y tejidos. Y si te sientes creativa, un bordado o un encaje con animales, trenes o flores resulta divertido y muy colorista.

Los murales y los frisos pintados a mano son otra buena manera de personalizar la habitación y de introducir color. Puedes pintar toda la habitación o tan sólo la puerta de un armario. Una composición de colores suaves puede avivarse con frisos de colores fuertes. Si no te puedes permitir un gran número de cuadros para las paredes, ésta es una buena manera de hacer la habitación más cálida y de que resulte más interesante para el bebé.

Utilizar cristales

¿Qué cristal utilizar?

Aquí tienes algunos de los cristales que puedes utilizar para tu bebé con sus respectivas propiedades:

Amatista	mejora espiritual
Berilo	protección
Restañasangre	creatividad
Crisoprasio	protección espiritual
Coral	seguridad emocional
Esmeralda	Curación física o emocional
Jade	relajación
Malaquita	armonía
Feldespato	equilibrio
Madreperla	protección, amor de madre
Ópalo	potencial
Jaspe	felicidad
Cuarzo rosa	calma y sanación
Rubí	amor

Ópalo

Crisoprasio

Según los principios de la terapia con cristales, las piedras preciosas y semipreciosas tienen propiedades muy poderosas que podemos aprovechar. La teoría de la terapia con cristales es que cada cristal tiene su propia vibración imperceptible. Estas vibraciones interactúan con tu aura o con la de tu bebé si la piedra se coloca a la distancia adecuada.

Cada tipo de cristal tiene su propio rango de vibraciones y, por tanto, una propiedad en particular. Esto significa que puedes utilizar cristales para conferir características, suerte o protección a ti o a tu bebé. Todo es cuestión de saber qué cristales utilizar y de qué modo.

Cómo utilizar los cristales

Entre adultos, el modo más común es llevarlos como joyería, en una cinta alrededor del cuello o atada a la muñeca. Sin embargo, esto podría suponer un peligro de asfixia para el bebé, así que deberás utilizar otros métodos.

Puedes coser un cristal a la ropa del bebé o en su mantita preferida, aunque tendrás que quitarlo cada vez que necesites lavarlo. Obviamente, no debe resultar incómodo si tu bebé va a acostarse encima.

Una alternativa es asociar el cristal con algún sitio en el que el bebé pase gran parte de su tiempo. Puedes suspender el cristal en un móvil sobre la cuna, colgarlo enfrente de la ventana de su dormitorio o ponerle una cinta (preferentemente de seda o de terciopelo) y colgarlo de la cuna o del cochecito. Cuando crezca y la cuna se le quede pequeña, puede que te guste la idea de convertir el cristal en una pieza de joyería para que pueda seguir llevándola.

Cualquiera que sea el método que elijas, asegúrate de que el cristal no suponga un peligro para el bebé.

Preparar los cristales

Los cristales deben ser siempre puros y sin tratar. Asegúrate de que sean verdaderos y no vidrios tintados.

Los cristales pueden absorber energía negativa, por eso necesitan ser purificados antes de usarse.

Existen bastantes maneras de hacerlo:

• Exponlo al sol durante varias horas. (Cuidado: el sol daña algunos cristales, como la amatista, el aguamarina, el berilo, el citrino, el cuarzo rosa y el zafiro).

• Exponlo a la luz de la luna una noche entera.

• Déjalo bajo la lluvia un día entero.

• Entiérralo en arena húmeda (vigila que no dañe la superficie de un cristal pulido).

• Déjalo sobre un espejo horizontal durante una noche.

- Déjalo una noche en agua mineral, filtrada o destilada.
- Guárdalo una noche en el congelador.
- Déjalo empaparse varias horas en agua salada y luego deja que se seque solo.
- Métela en té de salvia varias horas, límpialo con agua filtrada o destilada, y deja que se seque solo.
- Pásalo por el humo que desprende el incienso encendido de, por ejemplo, cerrillo, salvia o cedro.
- Lávalo en un río o en el mar.

¿Qué cristal utilizar?

Puede que prefieras utilizar un cristal asociado con el signo astrológico del bebé. Aquí tienes las piedras apropiadas para cada uno de los doce signos:

Aries	jaspe
Tauro	esmeralda
Géminis	ojo de tigre
Cáncer	feldespato
Leo	cristal de roca
Virgo	citrino
Libra	zafiro
Escorpio	granate
Sagitario	topacio
Capricornio	lapislázuli
Acuario	turquesa
Piscis	aguamarina

Citrino

Feldespato

El bebé disfrutará con la visión del reflejo de la luz bailando en un cristal colgante.

La influencia del sonido

Ruidos de motor

A muchos bebés les atraen los sonidos mecánicos, desde el de una licuadora hasta el de un helicóptero. Sin embargo, si son muy fuertes o repentinos pueden asustarle. De todos modos, es muy probable que a tu bebé le interesen tanto las motos como Mantovani.

Incluso un sonido que a ti no te parece nada agradable o interesante puede que a tu bebé le fascine. No sólo eso, los sonidos más extraños le pueden resultar relajantes. El sonido (y movimiento) del motor de un coche es notoriamente soporífero para los bebés y muchos de ellos se dormirán plácidamente con el ruido de la aspiradora o de la secadora.

Todos los sentidos de tu bebé necesitan estimulación y esto incluye también el oído. Desde la música hasta agradables sonidos tintineantes o incluso el ruido del motor de un coche... llenar su mundo con sonidos agradables ayudará a su desarrollo. Existen muchas formas de que lo pongas en práctica; éstas son algunas:

• Música
• Móviles de campanillas (en el exterior, ante su ventana, excepto con mucho calor)
• Móviles de campanillas que suenan con la lluvia (también en el exterior, claro está)
• Sonidos naturales, como el susurro del viento o el correr del agua
• Juguetes musicales o con sonidos interesantes

Los bebés un poco más creciditos adoran los juguetes con sonidos, especialmente cuando pueden apretar las teclas ellos mismos.

La voz que calma

Los sonidos relajantes son importantes para calmar al bebé. De manera natural, le hablarás o le cantarás cuando esté alterado y el sonido de tu voz le ayudará a sentirse seguro y relajado. Los ritmos tiernos y los sonidos vocales largos tienen un efecto calmante instintivo en el bebé.

Pero, ¿qué ocurre cuando tú no estás? Tú eres su consuelo ideal, pero puede que quiera seguir oyendo sonidos relajantes cuando se va a dormir o cuando se despierta en mitad de la noche. En ese caso puedes optar por la música para tenerlo contento. Las nanas relajan a algunos bebés y otros responden positivamente a sonidos grabados del útero materno. También puedes comprar pequeños ítems que activan sonidos tranquilizantes cuando tu bebé se mueve o llora y ponerlos junto a su cuna.

Cada bebé responde de manera distinta a los sonidos, así que puedes experimentar hasta descubrir cuáles son los que le ayudan a que se relaje y se duerma.

Grabaciones

Existen toda clase de CD que puedes comprar para ponerle a tu bebé, tanto para estimularle mientras juega como para ayudarle a dormir en la siesta o por la noche. Obviamente, puedes ponerle

Tu bebé puede oír sonidos desde el interior del útero en los últimos meses del embarazo.

música para niños y nanas, jazz y música clásica. La variedad en los temas le estimulará durante el día, pero repetir unos pocos de manera que los reconozca rápidamente será más reconfortante para cuando tenga que irse a dormir.

Existen grabaciones ambientales, con sonidos naturales e incluso de los sonidos del útero materno. A algunos bebés les gustan estos sonidos y se sienten seguros con ellos de inmediato. También puedes hacer tus propias grabaciones. Puedes, por ejemplo, grabar el sonido de tu voz hablándole pausadamente o tal vez grabarte tocando un instrumento o cantando nanas.

Movimiento en su habitación

Las cortinas movidas por la brisa fascinarán a tu bebé.

Los movimientos atraen a los bebés desde los primeros días, a pesar de que tardan unos meses en poder enfocar debidamente. Cualquier cosa que se mueva, intrigará al bebé, aunque sea tu mano y tus dedos moviéndose cerca de su cara. Cuanto más cerca esté el objeto, antes podrá distinguirlo. Sin embargo, los movimientos más distantes también le atraerán aun cuando no distinga el objeto adecuadamente.

Uno de los mejores modos de llenar de movimiento su habitación es mediante la luz y sus reflejos y sombras. La luz natural que entra por la ventana a través de las ramas de árboles es perfecta. Las sombras oscilantes le fascinarán durante mucho tiempo. El reflejo del agua en las paredes y el techo tendrán el mismo efecto atrayente.

Incluso sin estas ventajas naturales, puedes introducir reflejos con luces y espejos. La luz rebotará de manera natural en los espejos y si cuelgas móviles reflectantes en la ventana, llenarán la habitación de formas en movimiento.

Las ventanas son un recurso obvio porque con un poco de viento se obtiene movimiento en la habitación. Las cortinas ligeras ondean sólo con un poco de brisa a través de una ventana abierta y los móviles de campanillas se balancearán y brillarán. Puedes colocar al bebé de forma que vea a través de la ventana y que observe el vaivén de las ramas con el viento.

Generar movimiento

Además de estas fuentes naturales de movimiento, existen modos de crearlo artificialmente. No sorprende afirmar que la televisión fascina a los bebés, aunque puede que no quieras animar al tuyo a que la mire demasiado. Muchos juguetes se mueven y el bebé disfrutará viendo cómo los mueves antes de poder hacerlo por sí mismo. Un perrito que se arrastre o un tren con pilas estimulará a tu bebé desde las primeras semanas.

No pasará mucho tiempo hasta que pueda mover los objetos por sí mismo. Los móviles para bebés y los juguetes colgantes balanceándose por encima del bebé le darán la oportunidad de crear sus propios movimientos. Cuando intente alcanzarlos, los golpeará y hará que se muevan. A medida que crezca, aprenderá a abrir solapas, levantar tapas y apretar botones, explorando todo lo que se cruce en su camino. Durante todo este tiempo, y más tarde, cuando empiece a caminar, descubrirá juguetes con movimiento y disfrutará creando él mismo el movimiento.

Fascinación por los móviles

Los bebés adoran los móviles. Pueden disfrutar de ellos cuando están tumbados, convirtiéndose en una interesante distracción incluso cuando el bebé esté solo. Un móvil situado sobre la cuna le mantendrá hipnotizado mientras se relaja antes de dormirse y centrará su atención hasta que se le cierren los ojos y se quede dormido.

Existen muchas clases de móviles en la actualidad; con luces, musicales y hasta brillantes. También puedes comprar aparatos que proyectan dibujos o luces en movimiento en el techo y ponerlos en la cuna.

Otro método para que el bebé se interese por el movimiento mientras se duerme es utilizar lámparas giratorias. Estas lámparas, con bombillas de bajo voltaje, cuentan con un cilindro de rotación lenta alrededor de la bombilla a través del cual la luz brilla iluminando el dibujo que aparece.

Combinar los efectos

Utiliza lo mejor de la naturaleza

Si hace buen tiempo, el bebé disfrutará estando al aire libre. Existen muchos estímulos para interesar a los bebés y muchos otros que los ayudarán a dormirse. Si vives en una zona tranquila, sonidos como el trino de los pájaros o el movimiento del agua interesarán a tu bebé. En un entorno urbano, muchos bebés se duermen felizmente con el sonido del tráfico o de un cortacésped.

Al mismo tiempo que el bebé escucha estos sonidos, puede ver árboles y plantas meciéndose con el viento, pájaros y aviones volando o coches circulando. Si puedes poner a tu bebé a la sombra de un árbol, quedará fascinado por el sonido de la brisa en las hojas y por el sol filtrándose a través de las ramas.

Los móviles de campanillas combinan sonido, movimiento, color y luz para hechizar al bebé.

El movimiento, el color, la luz, el sonido... todo esto estimula al bebé o puede utilizarse para relajarlo cuando tiene que dormir. Y no tienes que elegir solamente uno; existen muchos objetos que ejercitan más de un sentido para incrementar la estimulación mental del bebé o para relajarlo.

Estimular sus sentidos

Muchos objetos con movimiento estimulan al bebé, así que combinarlos con los que producen sonidos le fascinará, ya sea una cajita de música con una figurita rotatoria dentro o un móvil musical con mucho colorido. Los móviles con tubos que tintinean cuando los mueve la brisa atraen a los bebés, especialmente los de tubos metálicos con superficies brillantes y reflectantes. También les encanta mirar luces de colores en movimiento como las producidas por lámparas giratorias o fibras ópticas de colores cambiantes.

Relajar al bebé

Aunque pretendas mantener al bebé interesado por aquello que le rodea hasta que se duerme, no es aconsejable sobreestimularle y que le resulte más difícil quedarse dormido. Por ello, es bueno que busques:

- Colores suaves
- Luces tenues
- Movimientos lentos
- Sonidos poco estridentes

Cualquier movimiento pausado o luz tenue ayudará a calmar al bebé hasta que se duerma. Un móvil con la melodía de una nana le ayudará a dormirse, en especial en una habitación de colores suaves con luces tenues que creen un lugar de calma y tranquilidad.

Observar a niños mayores

Si tienes más hijos, no pases por alto que son una de las mejores fuentes de estímulos para el bebé. Se mueven, emiten sonidos y, normalmente, resultan muy interesantes de observar. A los bebés les fascinan los niños algo mayores, incluso más que los adultos. Si no tienes más hijos, busca oportunidades para que tu bebé conviva con los hijos de tus amigos.

No sólo estará entretenido y contento durante horas observando a otros niños, sino que también será la mejor manera de que aprenda sobre los avances que él mismo tendrá que realizar en su desarrollo. Muy a menudo, los niños congenian de manera natural con los bebés. Haz todo cuanto esté en tu mano para acrecentar el interés de tus otros hijos por su nuevo hermanito o hermanita.

Ornamentos espirituales

Muchos nativos americanos utilizan
los atrapadores de sueños. Creen
que se trata de redes mágicas que
capturan las pesadillas antes de que
alcancen al durmiente y sólo dejan
pasar sueños agradables.

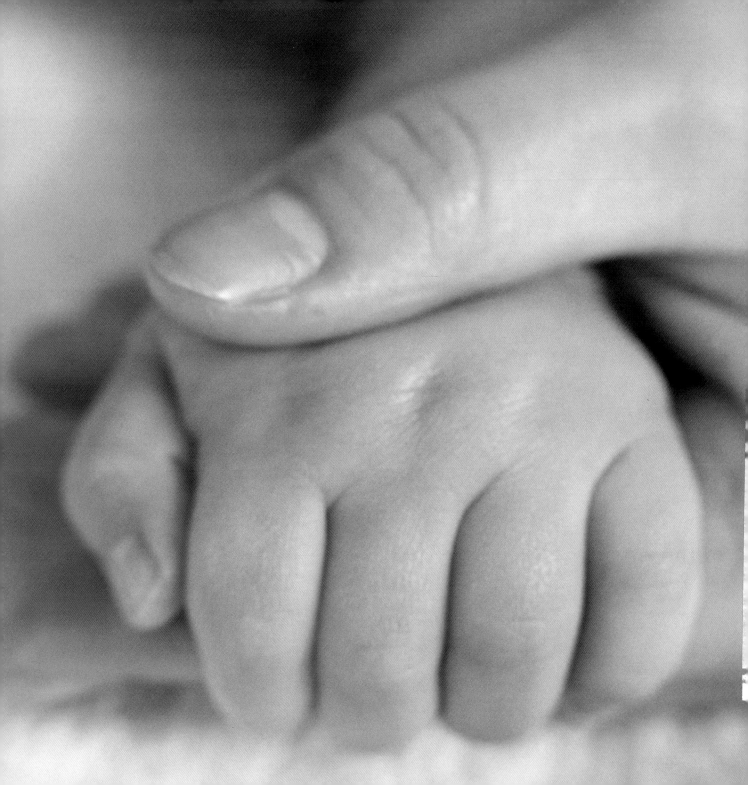

5
La aromaterapia
y
los sentidos

Los beneficios del tacto

Toca y siente

Puedes animar al bebé a que disfrute del tacto y de las texturas vistiéndole con tejidos que sean atractivos al tacto, con mantas suaves y lanosas, y dándole juguetes de distintas texturas. Tu bebé aprenderá tocando materiales duros, fríos o ásperos tanto como con materiales suaves, cálidos y lisos siempre que no le hagan daño. Puedes comprar libros especiales para que los bebés los toquen y que incluyen una gran variedad de texturas para explorar.

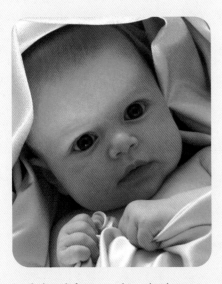

Los bebés disfrutan explorando el tacto de nuevas texturas.

El tacto es muy importante para los bebés. No se trata tan sólo de una sensación placentera; es también una parte intrínseca de su desarrollo. Es su sentido primario nada más nacer, el único que se ha desarrollado en su totalidad en el útero. Los bebés necesitan que les abracen, que les acunen, y sentir el calor de otro cuerpo tal como se han acostumbrado a sentir mientras crecían en el útero materno.

De piel a piel

Cualquier madre que elija dar el pecho a su bebé tiene en este acto la mejor oportunidad de brindarle contacto físico a través del cuerpo y de la boca. Si no es así, darle el biberón es también una buena ocasión para abrazarlo y proporcionarle calor y seguridad. El tipo de contacto físico más beneficioso para los bebés es el contacto directo de piel a piel. Esto forma parte del amamantamiento, pero no de la alimentación con biberón; por tanto, vale la pena recordar que el bebé necesita este tipo de contacto físico.

Puedes ofrecerle este tipo de contacto directo si compartes la cama con el bebé o bañándolo contigo en lugar de utilizar siempre su bañerita. Y, por supuesto, el clima caluroso te da la oportunidad de desembarazarte de la ropa y llevar tan sólo un bañador. De este modo, puedes abrazar al bebé, que, de llevar algo, será solamente el pañal. De todos modos, asegúrate de permanecer a la sombra.

La cultura del tacto

En Occidente tendemos a utilizar muchos utensilios donde colocar a nuestros bebés, como el moisés, la cuna o el asiento de coche para niños. Continuamos con otras tareas mientras tanto y, en cuanto tenemos un momento libre, hablamos al bebé, lo estimulamos, lo acunamos y lo entretenemos. Si el bebé llora, lo cogemos y seguimos con nuestras tareas mientras lo vigilamos.

Sin embargo, en la mayor parte de las culturas no occidentalizadas, los bebés son tratados del modo opuesto. Que la madre lleve al bebé en brazos casi todo el tiempo no es tanto una tarea (aunque sea agradable) como algo que ocurre sin pensarlo demasiado mientras continúa con su vida normal. A estos bebés casi nunca se les ofrecen atenciones directas, pero se les toca y lleva en brazos constantemente. En algunas culturas no se suelta nunca al bebé: se pasa el día en brazos y duerme junto a la madre.

Se ha descubierto que, por ejemplo, la tribu Aché, que vive en la selva de Paraguay, lleva a sus bebés a cuestas el 93 % del tiempo durante el día y también por la noche. En algunas culturas, se envuelve a los bebés alrededor de sus madres durante los primeros meses, y en muchas otras los llevan a cuestas en cabestrillos casi continuamente. Estos bebés se desarrollan con las mínimas atenciones directas, pero con el máximo contacto físico.

Este tipo de educación centrada en el tacto se traduce en que la madre, en lugar de sentirse agobiada por las constantes demandas del bebé para que se le coja o se le dé de comer, las satisface incluso antes de ser formuladas. Ni siquiera piensa en enseñar al bebé a que se pase toda una noche sin ser alimentado o a que se duerma solo. Se le anima a que duerma o se alimente a su antojo, en contacto permanente con la madre o un adulto cercano.

Incluso mientras duerme, el bebé se beneficia del contacto contigo.

Masaje para bebés

Déjate llevar

Las siguientes directrices sugieren el masaje rutinario que realizar a tu bebé. Sin embargo, no debes sentirte limitada por ellas. No importa en absoluto que no sepas nada acerca de masajes. Simplemente con pasar un rato tocando al bebé y dedicándole toda tu atención le estarás beneficiando enormemente. Los únicos puntos importantes que hay que tener en cuenta son los siguientes:

- Sé firme pero cuidadosa.
- Crea un ritmo relajado.
- Haz el masaje siempre hacia el corazón (siguiendo la dirección de la circulación).
- No le des el masaje en las manos, ya que el aceite podría acabar en su boca.
- No apliques el masaje sobre la zona en la que le han vacunado hasta 48 después de la inyección. En ese caso, el masaje puede ser beneficioso para aliviar cualquier posible hinchazón.
- No apliques nunca el masaje directamente sobre la columna vertebral; mantén tus dedos a ambos lados de la misma.

Dar un masaje al bebé es una manera estupenda de que los dos reforcéis lazos y os sintáis cerca físicamente. Además de los beneficios del contacto físico en los bebés, un masaje puede ayudarle a digerir y a dormir mejor y puede curarle cólicos y estreñimiento. Otros estudios han mostrado que los masajes aportan, además, beneficios alternativos como hacer que los bebés estén más alertas e interesados, reducir la ansiedad y ayudarles a absorber los alimentos más eficazmente.

Encontrar el momento oportuno

No es bueno darle un masaje al bebé si tiene hambre, está cansado o intranquilo, o si tú tienes estrés o prisa. Es necesario crear un ambiente relajado y feliz para que el masaje tenga éxito. Es una buena idea encontrar un momento del día que sea adecuado para ambos y convertirlo en algo regular, a media mañana o después del baño antes de acostarlo.

Mírale a los ojos y háblale o canta para maximizar el contacto físico y estrechar la relación, y para crear un ambiente seguro y feliz. El bebé no tardará mucho en empezar a disfrutar de estas sesiones y a reconocer cuándo estás empezando un masaje. Si ves que no está de humor, deja el masaje y hazlo más tarde; no tiene sentido forzarlo si no es el momento adecuado.

Puedes hacer el masaje dentro de casa pero, si el tiempo es bueno, ¿por qué no hacerlo al aire libre, en la sombra? Como estará boca arriba, asegúrate de que la luz no es demasiado intensa. Un masaje al aire libre hace más sencillo que le puedas quitar el pañal al bebé, y el calor (y tal vez, una ligera brisa en su piel) harán que lo disfrute aún más.

Existen algunas consideraciones prácticas y de seguridad que conviene recordar al realizar un masaje a un bebé. Éstas son las principales:

- No le des un masaje inmediatamente después de una comida.
- Como tienes que quitarle la ropa, asegúrate de que estás en un lugar suficientemente cálido.
- Lo ideal es que le quites también el pañal, pero si lo prefieres puedes dejarlo.
- Quítate cualquier joya (anillos, pulseras, etc.) que pudiera herirle y asegúrate de que tus uñas están lo bastante cortas como para no arañarle.
- Si tienes que ausentarte por cualquier motivo, no dejes al bebé solo en la cama o en el cambiador. Llévatelo contigo.
- Recuerda que una vez que tu bebé esté cubierto por una fina capa de aceite resultará muy escurridizo. Si lo coges, ve con cuidado y envuélvelo primero en una toalla.

• La duración adecuada de un masaje a un bebé es de diez minutos; notarás cuándo ha tenido suficiente.

Preparación para el masaje

Antes de empezar el masaje, ten todo lo que necesitas a mano:

• Toalla
• Aceite para masajes
• Pañal limpio
• Ropa limpia

Es necesario que el bebé esté acostado para el masaje. Extiende una toalla limpia en una superficie plana. Puedes elegir estar de pie y darle el masaje al bebé en un empapador a la altura de una mesa, o tal vez prefieras sentarte en el suelo o en una cama con las piernas estiradas frente a ti. Pon la toalla frente a tus piernas y después coloca al bebé sobre ella.

Masaje frontal

1 Tumba al bebé boca arriba para empezar el masaje, con sus pies hacia ti.
2 Échate una pequeña cantidad de aceite en la mano y frótate ambas con él. Pon una mano en cada uno de sus tobillos y desplázalas firmemente hacia el principio de sus piernas. Devuelve las manos a los tobillos tocándole las piernas tiernamente, pero sin ejercer presión. Repítelo cuatro o cinco veces.

3 Cógele ambos pies con las manos sosteniendo la parte superior del pie y los tobillos con los dedos, de manera que tus pulgares estén tocando las plantas de sus pies. Aplica el masaje con los pulgares en círculos en el sentido de las agujas del reloj y luego en sentido contrario, cuatro o cinco veces.
4 Desplaza una mano subiendo por las piernas del bebé hasta su barriga y aplica allí el masaje circularmente en el sentido

Un tierno masaje resulta muy bueno física, mental y emocionalmente para el bebé.

Aceite de masaje para bebés

Lo ideal es utilizar, como aceite de base, aceite de pepitas de uva, de almendra o una mezcla con cuatro partes de aceite de almendra y una de jojoba. Puedes añadir aceites de esencias, pero en cantidades muy pequeñas: no más de dos gotas de aceite de esencias por cada 125 ml (medio vaso).

No todos los aceites de esencias son apropiados para bebés, pero los siguientes son seguros en la proporción antes citada:

- Camomila romana
- Rosa
- Neroli
- Lavanda

Si tu bebé sufre un cólico o estreñimiento, utiliza una gota de aceite de mandarina.

de las agujas del reloj unas pocas veces (es especialmente útil si el bebé tiene cólicos o está estreñido).

5 Ahora mueve las manos hacia arriba hasta los hombros y deslízalas suavemente bajando por los brazos hasta las muñecas.

6 Haz un masaje por los brazos del bebé desde las muñecas hasta los hombros, como has hecho con las piernas.

7 Coge sus muñecas y júntale los brazos cruzándole el pecho; después estíralos de nuevo a ambos lados de su cuerpo. Repítelo tres o cuatro veces.

Masaje en la espalda

Ahora dale la vuelta y aplícale el masaje tumbado boca abajo (foto inferior).

De todos modos, a muchos bebés no les gusta esta posición. Si al tuyo no le gusta, no te preocupes, simplemente no le apliques el masaje en esta postura. Pero si le gusta, aquí tienes cómo aplicarle el masaje en esta posición:

1 Masajea la parte trasera de sus piernas como has hecho con la delantera, de los tobillos a las nalgas, deslizando tus manos suavemente. Repítelo tres o cuatro veces.

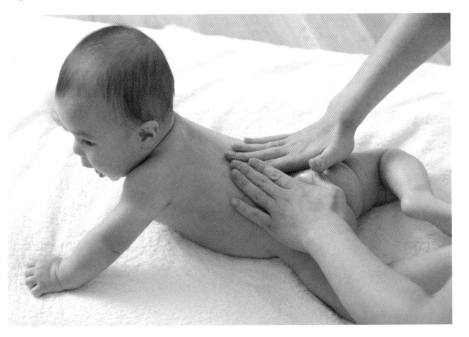

Muchos bebés disfrutan y se relajan con un suave masaje facial.

2 Ahora recorre su espalda desde la base a los hombros, con una mano a cada lado de la columna. Repítelo cuatro veces.

3 Finalmente, masajea sus hombros con cuidado, hacia arriba y siguiendo la línea de los omoplatos. Repítelo tres o cuatro veces.

Masaje facial

A muchos bebés les encantan los masajes faciales. No uses nunca aceites y ve con mucho cuidado, especialmente alrededor de la fontanela. Sostén la cabeza del bebé con una mano y realiza un masaje por uno de los lados de la cara con la otra; después cambia de lado.

1 Acaricia desde la parte superior de la nariz hasta la frente en semicírculo.

2 Baja por los lados de la cara, las orejas y alrededor de la mandíbula (ver foto arriba).

3 Gira un poco los dedos y, con las yemas hacia arriba, rodea su boca hasta llegar a la punta de la nariz.

4 Repítelo tres o cuatro veces y luego cambia de mano.

5 Vuelve a cambiar de mano y acaricia suavemente con las yemas de los dedos desde el puente de la nariz hasta la cabeza (con mucho cuidado en la fontanela).

6 Repítelo tres o cuatro veces y luego cambia de mano.

Sensaciones naturales

Disfruta de los parques y los jardines

A los bebés les encanta estar al aire libre siempre que el tiempo sea bueno o que vayan bien abrigados. Incluso si el jardín es muy pequeño, puedes sacar al bebé en verano a que haga la siesta al aire libre en lugar de en su habitación. A los adultos les gusta echar una cabezadita al sol, así que no sorprende que los bebés también disfruten con ello. Es una experiencia muy sensual. Incluso si no tienes jardín puedes poner a tu bebé bajo una ventana abierta cuando haga buen tiempo (siempre que no tenga la movilidad suficiente como para trepar por ella).

Tendrás que crear espacios con sombra para el bebé a menos que el jardín ya cuente con ellos. La piel de los bebés se puede quemar incluso a través de algunos tejidos, así que si el sol es muy fuerte, utiliza una sombrilla fiable. También deberás vigilar perros, gatos y cualquier otro animal que pueda molestarlo.

Existen pocas sensaciones más placenteras para un bebé (y para un adulto también) que aquellas que llegan de manera natural. Aunque debes proteger al bebé y evitar que pase frío, no le mimes o le protejas tanto que no pueda apreciar el mundo que hay a su alrededor. Bríndale oportunidades para descubrir el mundo que le rodea.

Visita con él lugares distintos para que pueda beneficiarse de experiencias diversas. Llévatelo a un parque o sácalo al jardín para que disfrute la sensación del sol en su piel (obviamente, debes hacer esto en un día en el que el sol no sea muy fuerte para no quemar su delicada piel). Pasea por una ladera con viento y deja que sople por el pelo de tu bebé. Una visita a la playa es una buena ocasión para descalzarlo y que sienta la arena entre los dedos de los pies. O acércate hasta un arroyo o un lago un día soleado y sostenlo para que pueda meter los pies en el agua.

Sentir mientras caminas

Cuando te lleves al bebé de paseo, anímale a que experimente algunas de las texturas más interesantes de las que vaya encontrando. Puedes coger objetos y rozárselos en la mejilla o cogerle de la mano y ayudarle a que los toque. Este tipo de experiencias abrirán la mente del bebé y si lo hace contigo se sentirá seguro y las disfrutará aún más. A medida que crezca puedes animarle a que coja y sienta los objetos por sí mismo siempre que te asegures de que no se los mete en la boca.

Algunos de los objetos que puedes encontrar para que los toque y los sienta:
• Plumas
• Hojas de árboles
• Piedras
• Hierba
• Musgo

Además de texturas, también puedes enseñarle las distintas temperaturas mostrándole el calor de una piedra al sol o el frío del agua de un arroyo. Y no olvides los sonidos que acompañan la experiencia de cada objeto; el crujido de las hojas secas, el susurro de la hierba o el murmullo del agua.

Incluso estando en casa puedes hacer que el bebé aumente sus experiencias haciéndole sentir el agua o la brisa delante de una ventana abierta.

Tu bebé disfrutará con la sensación de estar al aire libre explorando las texturas de la naturaleza.

Aromaterapia

Se trata básicamente de utilizar olores para tratar dolencias o para mejorar nuestro estado anímico. Se asocia habitualmente al masaje, pero aunque éste es el modo más extendido de aplicación de la aromaterapia, no es el único.

La aromaterapia es una herramienta muy valiosa durante el embarazo, el parto y también para el bebé. La aromaterapia habitual se traducirá en una madre y un bebé relajados y, a su vez, estrechará los lazos entre ambos.

El uso de aceites esenciales

Los aceites esenciales son aceites de plantas muy concentrados que se utilizan en aromaterapia. Cada uno tiene sus propios efectos y provoca respuestas distintas según sea el aceite que utilicemos. Funcionan tanto oliéndolos como al ser absorbidos por la piel.

Como los aceites esenciales son fuertes y concentrados pueden dañar la piel si ésta es sensible o si se utilizan en mucha cantidad. Por eso siempre se utilizan muy diluidos si van a entrar en contacto con la piel. Esto ocurre especialmente con los bebés, en quienes nunca deben aplicarse aceites esenciales sin diluir. Cuando el aceite se diluye en un aceite de base, como el de almendra o el de pepita de uva, entonces puede aplicarse directamente en la piel, a través del masaje. La piel puede tardar hasta siete horas en absorber del todo estos aceites, así que es mejor no ducharse ni bañarse en este tiempo.

Algunos son muy apropiados para el embarazo y para después del parto porque ayudan a que el cuerpo se recupere rápidamente.

Algunos de los mejores aceites son:
• Lavanda (relaja, es bueno para la piel, y alivia dolores de cabeza y otras molestias)
• Mandarina (calma y sube el estado de ánimo)
• Neroli (relaja y es bueno para la piel, así como para las estrías)
• Petitgrain (suaviza la piel y alivia la depresión)
• Ylang-ylang (calma la tensión y las preocupaciones)

El uso de la aromaterapia

Una buena manera de utilizar la aromaterapia es recibiendo un masaje por parte de un masajista o aromaterapeuta cualificado. Pero puedes beneficiarte de los aceites de muchos otros modos, ya que la mayoría son apropiados tanto para ti como para tu bebé. Algunos aceites son más específicos para ayudar a la madre a aliviar dolencias físicas durante el embarazo y tras el parto, y otros resultan beneficiosos también para el padre.

Es importante elegir un buen aceite de base para los aceites de esencias.

Aceites de base

Necesitarás un aceite de base para diluir los aceites de esencias si vas a aplicarlos directamente en la piel. Éstos son algunos aceites de base buenos para su uso durante el embarazo:
• Aguacate
• Uva
• Jojoba
• Almendra
• Germen de trigo

Los aceites esenciales alivian el estrés, ayudan a relajarse y son buenos para toda la familia.

Es perfectamente posible que tú misma des un masaje con aromaterapia; no hace falta que seas una experta para saber que resultará agradable. Tú y tu pareja (u otra persona) podéis daros masajes en la espalda y los hombros. Un masaje de pies o un masaje de pies y piernas es muy bueno durante el embarazo. Un masaje facial puede resultar también muy relajante. Asegúrate de tener la cara limpia y sin maquillaje antes de empezar. Existen unas pocas reglas para los masajes caseros:
• Evita el masaje en la zona lumbar y el abdomen.
• Haz el masaje siempre hacia el corazón.
• No apliques el masaje directamente sobre venas varicosas.
• No recibas un masaje si tienes cualquier tipo de hemorragia.
• Evita tumbarte sobre el estómago si estás embarazada de más de tres meses.

Otra estupenda manera de utilizar la aromaterapia es echar tres o cuatro gotas de aceite esencial en la bañera y remover para que se mezclen. Usa un aceite refrescante para comenzar el día o uno relajante al ir a dormir por la noche. Para bañar al bebé (siempre que tenga más de tres meses) echa sólo una gota.

Puedes inhalar el olor de los aceites de aromaterapia echando unas pocas gotas en agua caliente y sentándote con la cabeza cerca del agua y con una toalla por encima durante unos cinco minutos. Los niños y los bebés no deben inhalar así, pero puedes ponerles en su habitación un cazo con agua caliente y una o dos gotas de aceite.

Otra buena manera de utilizar la aromaterapia es echando una gota de aceite en un pañuelo y olerlo de vez en cuando. O bien echar en tu almohada una gota de un aceite relajante, como el de lavanda. Con los bebés no ha de utilizarse ninguna de esas técnicas, ya que su piel es muy delicada y el contacto directo sería un riesgo.

Se puede llenar una habitación de esencias, bien con quemadores de aceite o bien con difusores eléctricos que la esparcen al calentarlos. O con estas alternativas caseras:
• Echa unas pocas gotas de aceite en un ovillo de lana y colócalo tras el radiador (fuera del alcance del bebé).
• Pon el ovillo de lana con aceite en la aspiradora para perfumar todas las habitaciones que aspires.
• Echa seis gotas de aceite en un pulverizador lleno de agua. Mézclalo y rocíalo por la habitación.

Aceites a evitar

Algunos aceites de esencias deben evitarse durante el embarazo. La siguiente lista no es exhaustiva; si dudas de alguno, no lo utilices hasta haberte asegurado hablando con un aromaterapeuta cualificado o con tu médico. Ésta es una lista de aceites comunes en aromaterapia que hay que evitar durante el embarazo:
• Albahaca
• Cedro
• Salvia
• Clavo
• Canela
• Hinojo
• Jazmín
• Enebro
• Mejorana
• Orégano
• Menta
• Romero
• Tomillo

Aceites esenciales

Los siguientes aceites de esencias son seguros para utilizarlos con un bebé siempre que se empleen en pequeñas cantidades y no entren en contacto directo con su piel:

- Eucalipto (antiséptico y antiinflamatorio)
- Lavanda (relajante y útil para problemas menores de la piel y pequeños cardenales)
- Limón (refrescante y antiséptico)
- Mandarina (calma y sube el estado de ánimo)
- Árbol del té (bueno para dolencias de la piel)
- Camomila romana (antiséptico, antiinflamatorio y antiespasmódico)

Una gota de aceite esencial en el baño del bebé puede ayudarle con las dolencias menores.

Aromaterapia para bebés

La aromaterapia puede ayudar a que el bebé se sienta más calmado y sereno. Por supuesto, la aromaterapia para bebés nunca debe suplir un tratamiento médico convencional, pero puede complementarlo. También puede ser útil para solucionar problemas menores para los que no merece la pena llamar al médico, pero que pueden molestar a tu bebé, tales como la salida de los dientes, resfriados poco importantes o irritaciones moderadas provocadas por el pañal.

De todos modos, si se trata de algo más que de una dolencia muy menor o si dudas lo más mínimo, acude al médico.

Soluciones con aromaterapia

Nariz tapada   Echa dos o tres gotas de aceite de esencias en un vaporizador, difusor o quemador de aceite, o sencillamente en un cazo con agua caliente (fuera del alcance del bebé). Utiliza lavanda, limón o eucalipto.

Cardenales   Añade dos gotas de aceite de lavanda a 250 ml (un vaso) de agua fría y mézclalo bien. Extiende una tela o compresa esterilizada encima del agua para recoger los aceites. Escúrrela bien y colócala, masajeando, en el cardenal. Repítelo las veces que consideres necesarias.

Estreñimiento   Masajea las lumbares y el abdomen en círculos y en el sentido de las agujas del reloj dos o tres veces al día (el momento ideal es al cambiarle el pañal). Usa un aceite de base con una o dos gotas de aceite de manzanilla.

Costra láctea   Añade dos gotas de aceite de árbol de té a una botella de champú infantil de 60 ml. Úsalo en pequeñas cantidades y evita el contacto con los ojos.

Diarrea   Si es severa, acude al médico con urgencia, pero en casos leves puedes recurrir a la aromaterapia. Diluye dos gotas de aceite de lavanda en un poco de leche entera y échalo al agua del baño del bebé.

Irritaciones del pañal   Añade una gota de manzanilla a tres cucharadas soperas de aceite de almendra y aplica una pequeña cantidad en el área irritada al cambiarlo.

Dentición   En la habitación del bebé, pon una o dos gotas de aceite de lavanda en un vaporizador o en un cazo con agua caliente.

Insomnio   Si al crecer tu bebé tiene problemas para dormirse, un baño relajante puede ayudarle. Una o dos gotas de aceite de lavanda o de manzanilla diluidas en un poco de leche entera harán el baño más calmante. No utilices esta técnica con bebés menores de tres meses.

Utiliza siempre una esponja muy suave para el bebé, ya que su piel es muy delicada y necesita mucho cuidado.

Esencias naturales

Comida tradicional

El olor es una parte importante de la comida para niños algo mayores y para los adultos. Piensa en cómo estimula tus papilas gustativas el olor de un manjar delicioso. Los bebés son igualmente capaces de disfrutar de los olores relacionados con las comidas; tienen muy desarrollada la habilidad de oler la leche materna desde que nacen.

Tu bebé podrá disfrutar de los olores de las comidas si le das alimentos frescos una vez que empiece a comer sólidos. La comida para bebés preparada es cada vez más sana, y en la actualidad ya puedes comprar purés de fruta biológica en tarros. Pero, incluso así, no se pueden comparar con la comida tradicional. Resulta mucho más emocionante para el bebé oler las manzanas cociéndose en el horno o un plátano mientras lo pelas.

Puede que no siempre tengas tiempo para cocinar alimentos frescos, pero hazlo tan a menudo como puedas y deja que tu bebé huela los alimentos cocinándose. Disfrutará tanto como tú anticipándose a una comida deliciosa.

Puedes mostrarle al bebé toda clase de olores con la aromaterapia. Pero no olvides su reacción frente a las fragancias naturales. El olfato es uno de los sentidos más desarrollados desde el nacimiento y los bebés responden a los olores nuevos desde los primeros días, especialmente las niñas (los niños también desarrollan el olfato tempranamente, pero no lo tienen tan sensible).

Anima al bebé a que investigue nuevas fragancias con objetos olorosos como piñas o sumergiendo un bastoncillo de algodón en diferentes esencias y poniéndolo bajo su nariz. Los bebés tienden menos que los adultos a diferenciar entre buenos y malos olores, pero responden al estímulo de nuevos olores. Puedes animarle a que los explore con esencias como las siguientes:

- Vainilla
- Piña
- Algas
- Flores
- Pan recién hecho

Las flores perfumadas ofrecen un amplio abanico de esencias y son una fuente ideal de olores para mostrar a tu bebé. Ten flores perfumadas en casa y lleva al bebé al jardín o a un parque para mostrarle olores diferentes. Sostenlo cerca de las flores pero asegúrate de que no pueda coger ningún tallo espinoso o arrancar hojas y pétalos y llevárselos a la boca. Recuerda que también hay plantas cuyas hojas desprenden olor al estrujarlas.

Si estás pensando en cultivar plantas aromáticas, aquí tienes algunas de las mejores para que tu bebé las disfrute:

- Madreselva
- Junquillos
- Lavanda
- Lilas
- Lirios
- Claveles
- Rosas
- Guisantes de olor

Puedes estrujar las hojas de algunas plantas aromáticas para que el bebé las huela mejor. Por ejemplo:

- Planta de curry
- Hinojo
- Bálsamo de limón
- Orégano
- Romero
- Tomillo

El mundo está lleno de
fragancias y aromas; anima
al bebé a que las descubra.

6

El poder del pensamiento y la acción

Pensamiento positivo

El «blues» del bebé: la depresión postparto

Se estima que dos de cada tres madres experimentan un par de días de llanto en los primeros diez siguientes al parto. Aparece comúnmente alrededor del tercer día y no suele prolongarse más de cuarenta y ocho horas. Pero no porque sea algo común y transitorio debemos resignarnos a sufrirlo. Existen muchos remedios para la depresión postparto y, antes de que te des cuenta, ya habrá pasado. Por ejemplo:

- Lávate el pelo aunque cuentes con muy poco tiempo libre para estas cosas. Te hará sentirte mucho mejor.
- Intenta hacer algo de ejercicio y tomar el aire, aunque sólo sea salir a pasear un rato. Es un rejuvenecedor inmediato.
- Invita a los amigos a venir a verte (a ti y al bebé); el contacto con los demás suele ser estupendo para prevenir la tristeza.
- Duerme cada vez que el bebé se duerma. Seguro que tienes muchas horas de sueño que recuperar.
- Si es tu primer bebé, intenta no estresarte aprendiendo a cuidarlo. Si está calentito, bien alimentado y estás pendiente de él, ya lo haces bien. No importa si no recuerdas la cantidad exacta de algodón que necesitas o si lo has de tapar con una toalla porque no encuentras las mantas. Disfruta del aprendizaje y no te preocupes.

Tu actitud y sentimientos hacia el bebé y tu nuevo estilo de vida tendrán un gran impacto en él y en tu familia. Aprovechar el poder de los pensamientos positivos te ayudará a crear un estado de amor y felicidad en ti misma que, sin duda, transmitirás al bebé.

Las primeras semanas tras el parto pueden resultar especialmente cansadas porque el bebé necesita alimento con mucha frecuencia y porque apenas distingue todavía entre la noche y el día. A muchas mujeres les resulta muy difícil estar contentas en este periodo, aun sintiéndose muy felices con su nuevo bebé. Puede ser complicado estar mucho tiempo sola. Igualmente, si estás muy ocupada, especialmente cuidando a niños más mayores, puedes agotarte con facilidad.

Puede parecer complejo reunir valor para adquirir una actitud positiva, pero el esfuerzo merece la pena. Podrás disfrutar de esta inigualable etapa y tu bebé se beneficiará enormemente de un entorno feliz. Los bebés y los niños captan muy fácilmente los estados de ánimo y notan cuándo las cosas no van bien.

Búsqueda

Por duro que sea, busca tiempo para ti para así ayudarte a desarrollar una perspectiva más positiva. Busca a alguien que cuide del bebé (y de otros niños si los hay), aunque sea media hora al día. Si tu bebé se duerme temprano tal vez puedas tener ese tiempo cuando esté dormido.

Haz algo que te haga sentir feliz. Tanto puede ser relajarte con un buen libro o con un baño caliente como ir a dar un paseo. Para algunos resulta muy relajante pasar un rato en el jardín, tal vez recogiendo flores. Puede que eches de menos trabajar y media hora de trabajo al día le dé a tu mente la estimulación que necesita. Quizá te apetezca escuchar música muy alta o a lo mejor te sientes mejor maquillándote un poco y enfrentándote al día sintiéndote más humana.

En buena compañía

Una de las mayores causas de depresión en los primeros meses tras el parto es la soledad. Los bebés son encantadores, pero no son los conversadores más locuaces. Una de cada cinco madres sufre depresión postparto y muchas de ellas tienen muy poco contacto con otros adultos durante el día. No siempre es fácil salir de casa con un bebé a cuestas y, si la depresión aparece, todavía resulta más duro moverse.

Tanto si sufres depresión postparto como si simplemente te sientes triste de vez en cuando, asegúrate de pasar tiempo con más gente para ayudarte a sentirte animada y positiva. Aquí tienes unas ideas:

• Únete a un grupo de madres y bebés.

• Habla con tus amigos por teléfono si resulta complicado salir y verles; puedes hacerlo mientras le das de comer al bebé.

• Asegúrate de socializarte regularmente, incluso si algunas veces no te apetece.

• Intenta hacer algunas cosas con otras madres, aunque sólo sea la compra semanal o salir un rato con ellas a pasear por el parque.

• Cuéntale a tu pareja cómo te sientes: no sufras en silencio.

• Si estás demasiado cansada para cocinar, invita a algunos amigos y pide comida preparada.

Una salida para ir de compras, preferentemente con amigos, es una razón estupenda para salir de casa con el bebé.

Hablar a tu bebé

Contacto en movimiento

Puede resultar complicado hablar con el bebé mientras estás en movimiento. La compra en el supermercado es un momento estupendo porque el asiento del carrito sitúa al bebé al nivel de tus ojos y mirándote, así que puedes conversar con él mientras te mueves. Pero, ¿qué ocurre si estás cocinando, limpiando o haciendo papeleo?

Una solución es colgarte al bebé en una mochila. De este modo, tendrás ambas manos libres y el contacto físico cercano le confortará y le tendrá contento. Así, puedes hablar con él mientras cocinas, pasas la aspiradora o revisas las facturas. Recuerda tener precaución y no acercarlo a nada peligroso como comida muy caliente. Si no estás cómoda así, siempre puedes mejorar el contacto con el bebé sentándolo en el cochecito o en una mecedora mientras realizas tus tareas. Esto te permite mantener el contacto visual y hablar con él más fácilmente.

Hablar directamente al bebé es la clave para enseñarle a hablar.

El lenguaje es uno de los aspectos más vitales en el desarrollo del bebé, y todo el mundo puede ayudar a fomentarlo. Cuanto antes aprenda a hablar, menos frustración experimentará. La comunicación a dos bandas depende del habla.

El proceso del aprendizaje de una lengua empieza en cuanto el bebé nace, aunque puede que tenga ya doce meses o más cuando pronuncie sus primeras palabras. Y tu bebé aprenderá a hablar si se le habla. Escuchar a los demás hablando entre ellos u oír la radio o la televisión no sirve para enseñar a un bebé a hablar; la comunicación debe dirigirse expresamente al bebé.

Así que para brindarle al bebé los estímulos que necesita para aprender a comunicarse, háblale tanto como puedas. Charla con él en el coche, háblale cuando salgas a pasear con él e inclúyele en las conversaciones familiares.

¿De qué hablar?

Algunas personas encuentran muy sencillo hablar a los bebés. Sin embargo, la mayoría de nosotros nos preguntamos qué decirles. No estamos muy acostumbrados a mantener conversaciones unilaterales y no sabemos cómo hacerlo.

Aquí tienes algunas de las mejores maneras de hablarle al bebé. Te ayudarán a estimularle, a propiciar su desarrollo y le harán sentirse querido:

• Mírale a los ojos con frecuencia, de manera que le hables a él y no al espacio. Las expresiones faciales y los gestos aparecerán automáticamente si lo haces.

• Puede que veas que utilizas un tono de voz más elevado que con otras personas. Adelante con ello; los adultos lo hacemos instintivamente porque para los bebés resulta más sencillo oír frecuencias más altas.

• Háblale normal y claramente, y no caigas en el acostumbrado estilo para bebés de «cuqui» o «cuchi cuchi».

• Háblale de lo que haces. Cuéntaselo al paso, como un comentarista de televisión. Por ejemplo: «Estoy separando la ropa blanca de la de color porque no quiero que mis cosas blancas se vuelvan rojas. Ahora las meto aquí dentro, cierro la puerta y le doy a este botón».

• Cuando algo capte la atención de tu bebé, dile el nombre de ese objeto. «Eso es una cuchara. Una cuchara».

• Tras unos meses, introduce adjetivos en tu conversación. En lugar de decirle: «Mira ese coche» dile: «Mira ese coche rojo» o «Mira ese coche tan rápido».

• Emplea la repetición, tanto si se trata de poesías infantiles, canciones, o si simplemente hablas con él de cualquier cosa. A los bebés les encanta oír sonidos que pueden reconocer.

• Utiliza un lenguaje sencillo para que el bebé lo entienda lo más fácilmente posible. Pero no tan sencillo como para que no le suponga un reto. No hace falta que entienda todas las palabras; de hecho, los primeros meses no lo hacen, pero a medida que van creciendo entienden mucho más de lo que demuestran.

• Puedes empezar mirando un libro con ilustraciones con un bebé que apenas tenga un par de meses. Fíjate en aquello que capte su atención y dile los nombres de los objetos que esté mirando.

• Puedes recurrir a juegos como «los cinco lobitos». Dos buenos momentos para esto son al cambiarle los pañales y al bañarlo.

• Dale la oportunidad de contestar. Los gorjeos y las burbujas sirven para que aprenda sobre los turnos en una conversación y te permite mostrarle que le estás escuchando.

Contribuirás al desarrollo del habla del bebé si le vas comentando aquello que vas haciendo, aunque sean las tareas del hogar.

Bendiciones y rituales

Las bendiciones especiales y los rituales son una forma de aprovechar los pensamientos positivos y dirigirlos al bebé. Te ayudan a dirigir esta energía al aspecto de la vida del bebé que elijas. Puedes utilizar las bendiciones y los rituales para ofrecerle felicidad, protección o para brindarle sentimientos de amor.

Existen rituales en todo el mundo para señalar el nacimiento de un nuevo bebé. Es un momento muy importante en tu vida y el primero en la vida del bebé, así que resulta muy apropiado celebrar el acontecimiento. Aquí tienes algunas ideas:

• Planta un árbol. Elige uno que te guste en especial o que te parezca apropiado por lo que sea. Puedes elegir un roble que simbolice firmeza y fuerza, o un árbol frutal que represente el desarrollo de la vida de tu hijo y sus frutos. Puede que te apetezca plantar la placenta bajo el árbol para fertilizarlo y personalizarlo.

• Bendice al bebé tocando su frente con agua purificada. Puedes purificarla dejándola toda la noche con un cristal apropiado (véase la página 68).

• Escribe una bendición permanente para el bebé (puedes utilizar algunas de las ideas de estas páginas). Inscríbela o haz que un calígrafo te la escriba en una hoja o en un pergamino. Enróscalo y átalo con un lazo. Guárdalo en un sitio seguro y dáselo a tu hijo cuando cumpla dieciocho años.

• Hazle un regalo al bebé. Piensa en algo significativo, que tenga sentido para él cuando crezca. Puedes elegir cualquier cosa, desde una botella de vino añejo para su vigésimo primer cumpleaños hasta una bolsa de piel llena de tarjetas de ángeles.

Poner nombre al bebé

De entre los rituales más importantes de todo el mundo asociados con los bebés destaca el ritual del nombre. Las religiones importantes tienen sus propias ceremonias para otorgar el nombre, a menudo con agua para el bautismo. Pero si no practicas ninguna religión organizada también puedes tener tu propio ritual para darle un nombre al bebé.

Una buena manera es invitar a todos aquellos que serán importantes en la vida del bebé. Elige un sitio que te parezca apropiado, al aire libre. La parte central del ritual consiste en susurrar en el oído derecho del bebé: «Tu nombre es (nombre del bebé)» tres veces. Después, di en voz alta: «Yo le doy a este bebé el nombre de (nombre del bebé)» y luego hacer una promesa como padres, decidla juntos o por turnos. Podéis escribir vuestra propia promesa, pero éste podría ser un ejemplo: «Prometo ser paciente y bueno contigo, y

Escribe una bendición para el bebé y guárdala en un lugar seguro.

Puedes crear un juego de tarjetas de ángeles especial para tu bebé si las personalizas.

Plantar un árbol y darle el nombre del bebé es una manera preciosa de marcar su nacimiento. El árbol simboliza tus deseos para el bebé: que crezca sano y fuerte.

darte el mejor inicio a la vida que pueda. Te apoyaré, protegeré y ayudaré, y permitiré que seas tú mismo. Por encima de todo, te querré incondicionalmente». Si lo deseas, otros miembros importantes de la familia, como los abuelos o los hermanos, también pueden hacer una promesa.

Después de esto, pide la bendición de la Madre Tierra para tu bebé tocando con la frente del bebé el suelo y diciendo: «Bendice a este bebé, (nombre del bebé) y dale una vida larga y feliz».

Éste es el ritual básico pero, como en una boda, puede haber música y lecturas antes y después. Al igual que en las ceremonias religiosas, se pide a los padrinos que realicen un compromiso para con el bebé, y puedes pedir a los mentores que prometan su apoyo al bebé de por vida.

Rituales para hacer uno mismo

Puedes realizar rituales y bendiciones existentes o bien diseñar los tuyos propios. Cualquier objeto que utilices debe simbolizar la bendición para así enfatizar los pensamientos positivos que vas a dirigir. Por ejemplo, el agua puede ser símbolo de pureza o puedes utilizar un lazo azul que denote calma, ya que el azul es un color relajante.

Lo importante es que te centres en obtener el resultado deseado del ritual y cualquier objeto puede ayudarte a conseguirlo; para eso vas a utilizarlo. Escribe un guión con las palabras y las acciones que simbolicen lo que pretendes conseguir.

Supón que plantas un árbol que simbolice el nacimiento del bebé. Sin ritual puede que corras al jardín y plantes el árbol a toda velocidad antes de que llueva y porque tienes que salir a comprar. De hecho, puede que estés repasando la lista de la compra mentalmente mientras lo plantas. El propósito del ritual es asegurar que mientras plantas el árbol estás concentrada en que deseas que tu bebé crezca sano y fuerte como un árbol y en cómo querrías que fuera una vez llegue a adulto.

De este modo, un ritual para plantar un árbol significará la reunión de tu familia cercana, que cavará el hoyo para el árbol mientras tú pronuncias unas palabras sobre cómo la tierra simboliza la familia en la que el nuevo bebé crecerá y en la que se educará. Puedes darle al árbol el mismo nombre que a tu bebé. Dile al árbol que deseas que crezca sano y fuerte, y que tú le ofrecerás todo tu apoyo y amor incondicional.

Fiesta de nacimiento

Puedes celebrar una fiesta de nacimiento tanto antes como después del parto. Si la celebras después, ésta se convierte en un ritual importante que marca la llegada del bebé. Aunque estas fiestas suele prepararlas una tercera persona, puedes pedirle a uno de los abuelos, a una hermana o a una amiga que te la organice.

En realidad, no existe motivo por el que no puedas organizarla tú misma. Si el objetivo es marcar el nacimiento del bebé más que recibir regalos, puedes aclarar en las invitaciones que no esperas regalos (ésta es una idea especialmente acertada para el segundo bebé o posteriores).

Puedes optar por la tradicional fiesta de nacimiento con invitadas solamente o seguir la tendencia más moderna de celebrar fiestas mixtas. Si has pedido a los invitados que no te regalen utensilios para bebés, probablemente acudan con un regalo para él. Si tienes prevista una ceremonia para ponerle el nombre, puedes combinarla con la fiesta de nacimiento.

Visualización

Se trata de un método muy eficaz para bendecir al bebé. Todo cuanto necesitas es sentarte o tumbarte con los ojos cerrados y visualizar una imagen en tu mente de la bendición que deseas. Por ejemplo, aquí tienes una visualización para ofrecerle felicidad a tu bebé.

Imagina a tu bebé seguro, tumbado en su cuna. Ahora imagina el sol tras la ventana. El sol desprende rayos de luz rosas y amarillos, y éstos se cuelan en la habitación del bebé por la ventana. Llenan la habitación de rayos de felicidad rosas, amarillos y naranjas buscándose un sitio, y las luces de colores se mueven por encima de la cuna y alrededor del bebé mientras duerme.

El simbolismo de la llama de una vela para representar el alma humana es muy común en todo el mundo.

El poder de las velas

La llama es un símbolo universal muy común para representar el alma humana. Puedes incorporar una vela a tus bendiciones y rituales para simbolizar el yo espiritual de tu bebé.

Una vela simboliza también protección. Puedes purificar toda la habitación por la noche paseando una vela encendida. Cuando vayas a salir del cuarto, quédate en la puerta y levántala. Pronuncia unas palabras de bendición para el bebé tan simples como «que Dios te bendiga y duermas seguro» antes de salir. De todos modos, ten cuidado con la llama y no la acerques al bebé cuando realices bendiciones o rituales de purificación.

El ritual de la bendición

Uno de los rituales para antes de dormir más cariñosos y reconfortantes es la bendición de buenas noches. Es un ritual que puedes prolongar varios años; unas buenas noches personalizadas que no sólo bendicen a tu hijo: se familiariza con ellas muy rápidamente y le aportan seguridad.

Todo cuanto debes hacer es inventar unas palabras que decir al bebé cuando se vaya a dormir que sean tu manera de darle las buenas noches. Elige palabras para decirle cuánto le quieres y termina bendiciéndole. La mejor bendición será aquella que tú misma compongas, pero aquí tienes un par de ejemplos para que tengas una idea:

- «Eres el bebé más adorable del mundo y te quiero más que a nada. Siempre estaré aquí para cuidarte. Buenas noches, que duermas bien y que Dios te bendiga».
- «Te quiero todos los minutos y a todas horas. Te quiero de día y de noche. Te quiero en todas las estaciones y todos los años. Te quiero con todo el amor del mundo, para siempre y más allá. Que Dios te bendiga desde ahora hasta la mañana».
- Puedes divertirte con estas bendiciones. Repíteselas con voz cantarina (a los bebés les encanta) para que reconozca las palabras incluso antes de poder entenderlas. La familiaridad con la bendición y el contacto visual contigo mientras la pronuncias le ayudarán a sentirse querido y seguro. A medida que crezca, tu hijo aprenderá lo que significa y podréis recitar la bendición juntos.

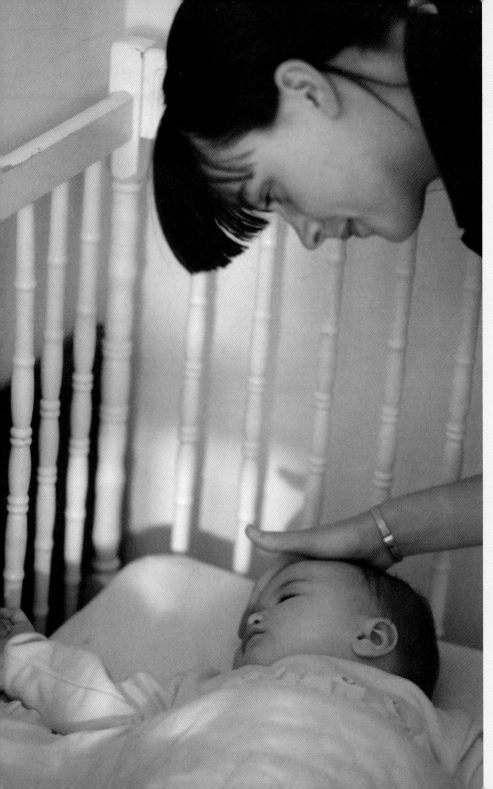

Crea una bendición personalizada
para repetírsela al bebé todas las noches.

Estar alegre

Las principales causas de negatividad cuando tienes un bebé son el estrés, la fatiga y el aislamiento. Por tanto, si deseas estar alegre, debes hacer todo lo que puedas para contrarrestar estos factores.

El estrés tiene muchas causas (la fatiga es una de ellas), pero el síntoma clave es sentirte preocupada y tensa; por este motivo, relajarse es muy importante. Tu felicidad es esencial para el bienestar del bebé, así que encontrar tiempo para relajarte y desestresarte no es egoísta ni poco razonable; es clave para cuidar del bebé en condiciones.

Haz todo cuanto puedas para encontrar tiempo para ti misma. Acepta ofrecimientos para cuidar del bebé, busca ayuda pagada si es preciso y deja que tu pareja haga su parte. Tómate un baño, ve a pasear, recupera horas de sueño o haz lo necesario para estar relajada y feliz.

Asegúrate de tener citas en la agenda para relacionarte y no sentirte aislada, pero evita una agenda muy apretada para que puedas dormir suficiente. Ejerce tu vida social durante el día o con persnas que no pretendan que salgas de fiesta hasta la madrugada. No trasnocharás cuando tienes un bebé y le estás dando el pecho, porque no hay que perder horas de sueño. La fatiga acabaría con tu alegría más rápidamente que cualquier otra cosa.

Vida social con un bebé

Los bebés son generalmente más adaptables que los niños un poco mayores cuando tienen que salir con los padres. Comen con facilidad y se duermen sin problemas cuando les toca, de manera que puedes volver a casa con el bebé durmiendo. Aquí tienes unos breves consejos para sacar el mejor partido a la socialización en familia:

• Una mochila o portabebés te permite moverte con más facilidad en una reunión social con el bebé.

• No te quedes hasta muy tarde si no duermes demasiado. Suele llevar semanas recuperar las horas de sueño perdidas entre el momento en que el bebé se duerme y el momento de llegar a casa.

• No lleves al bebé a lugares con humo o con mucho ruido.

• Si coges un taxi o alguien te lleva, no descuides las normas de seguridad. El bebé necesita igualmente el asiento especial con el cinturón de seguridad correspondiente.

Usar las afirmaciones

Puedes estar alegre utilizando afirmaciones positivas. Son frases que te repites a ti misma con frecuencia, que funcionan en el subconsciente y que influyen en tus emociones. Si te dices a ti misma con frecuencia «estoy relajada», tras unos pocos

Lleva al bebé contigo cuando visites a los amigos y tendrás más tiempo para relacionarte.

días notarás que realmente te sientes más relajada.

Las afirmaciones deben ser rotundas y positivas, sin espacio para la duda. No es bueno decir «me sentiré relajada» o «estoy un poco relajada». Deben ser claras y deben referirse a ahora. Aquí tienes algunas afirmaciones positivas, utilizables si tienes un bebé y necesitas estar alegre:
- «Estoy contenta»
- «Disfruto de la maternidad»
- «Estoy relajada»
- «Me siento querida»
- «Me siento apreciada»

Elige una que te parezca apropiada o escribe una afirmación personal que satisfaga tus necesidades. Repite la afirmación con frecuencia. Dila veinte veces en cuanto te despiertes y a lo largo del día. Escríbela en notitas y pégalas en el espejo del baño, en la nevera y en la puerta de casa. Repítela cuando te acuestes por la noche. Continúa diciéndola y antes de lo que esperas notarás la diferencia.

7
Bienvenido
al
mundo

No te olvides de ti

Además de la lista de cosas que te dé el médico para la canastilla del hospital, piensa en qué más puedes precisar para después de dar a luz. El proceso puede ser agotador y quizá te guste tener un paquete de tus galletas preferidas o algo de chocolate. (Si no vas a darte un pequeño premio en una ocasión así, ¿cuándo vas a hacerlo?)

Si tienes un camisón cómodo u otra pieza de ropa que te guste especialmente, puede que quieras llevártelo para cambiarte (debe poder abrirse por delante si vas a darle el pecho). O tal vez te guste la idea de llevarte un gel o un champú especial.

Si has decidido dar a luz en casa, igualmente querrás tener preparadas algunas cosas en concreto, así que tenlas de antemano para facilitarte el proceso cuando llegue el momento. Siempre existe la posibilidad de que tengas que trasladarte al hospital y resulta mucho más sencillo llevarse una bolsa previamente preparada.

Cuanto más preparada estés para la llegada del bebé, más fáciles te resultarán las primeras semanas.

Todo a punto

A medida que la fecha del nacimiento se acerca, te impacientas y te pones nerviosa. El embarazo avanzado no es muy llevadero y pensar a menudo en el parto puede hacerlo más difícil todavía. Una de las formas más prácticas y agradables de pasar por esta etapa es preparándolo todo para la llegada del bebé. Y no solamente eso, sino que como no vas a contar con mucho tiempo después del parto, es el momento perfecto para hacer todo aquello que pueda facilitarte la vida durante las primeras semanas.

Es conveniente que tengas listo todo lo esencial antes de la semana 36 del embarazo. La gestación humana dura entre 36 y 42 semanas, así que a partir de la semana 36 el bebé está técnicamente listo y es muy probable que no tarde en nacer.

Primero lo primero

Existen algunas cosas que necesitarás para el bebé en cuanto nazca. Los bebés recién nacidos no necesitan gran cosa, pero debemos cubrir sus necesidades básicas. Asegúrate de que todo lo siguiente se encuentra en la canastilla del hospital o

en la habitación en la que deseas dar a luz:
- Pañales
- Ropita para el bebé
- Mantas

Si vas a darle el biberón, también necesitarás:
- Biberones y tetinas
- Leche maternizada
- Esterilizador

Lo que debe estar a punto

En esta etapa disfrutarás dando los toques finales a la habitación del bebé y comprando algún detalle para decorarla. Si quieres usar la cuna desde el primer momento, compra ahora las sábanas y demás ropa de cama. Puede parecerte poco importante, pero te alegrará que esté hecho cuando llegue el bebé. No te apetecerá preparar la cama cuando acabes de dar a luz.

Asimismo, asegúrate de haber reunido todo el equipamiento necesario como lámparas y móviles, y de que todo funciona correctamente. De nuevo, será más difícil de lo que ahora te parece encontrar el tiempo o energía para hacerlo inmediatamente

Preparar la ropita del bebé no es sólo necesario; también resulta divertido.

después de dar a luz. Otros utensilios que necesitarás desde el primer o segundo día son:

- Un moisés o una cuna
- Un cochecito o carro
- Una sillita para el coche
- Una bañera para bebés (más toallas y champú)

Asegúrate de tener todo esto listo y de que funcione correctamente. No disfrutarás nada intentando descubrir cómo funciona el asiento para el coche cuando aún estés agotada por el parto y el bebé ya esté en el coche, así que inténtalo previamente. Lo mismo ocurre con el carro o el cochecito, especialmente si tienes que averiguar cómo se pliega y despliega o cómo se coloca la cubierta para la lluvia.

Estar preparada

Los padres dicen que tener al primer bebé te vuelve la vida del revés, y no exageran. Te sientes como si te hubieran quitado tu vida anterior y te hubieran dado una completamente nueva. Tener a un bebé recién nacido es completamente distinto a estar embarazada. Tras meses en los que se te pedía que cuidaras de ti misma y descansaras, de repente toda la atención se centra en las necesidades del bebé.

Algunos bebés duermen toda la noche desde que nacen, aunque no la mayoría. De hecho, hay bebés que parece que apenas duerman, especialmente los que siempre tienen hambre. Puede que duermas solamente tres o cuatro horas por noche y no necesariamente seguidas. Además, a esto debemos sumarle una o dos noches en vela de cuando estabas dando a luz.

Si te ocurre, no hay mucho que puedas hacer, aunque recibirás muchos consejos del personal médico y sanitario sobre cómo minimizar los problemas. Con un poco de ayuda podrás, a pesar de todo, disfrutar de las primeras semanas del nuevo bebé. Lo importante es que tengas en mente que existe la posibilidad de que se den noches prácticamente en vela para que no te pille desprevenida. La falta considerable de sueño es, a veces, depresiva, pero para la gran mayoría de las madres el bebé bien merece el esfuerzo y no les duelen las noches sin dormir. La alegría de tenerlo compensa sobradamente los pocos días tristes.

También es importante darse cuenta de que no durará siempre; no tienes frente a ti meses sin apenas dormir. La situación mejora de manera constante desde los primeros días, y a las seis semanas percibirás un cambio considerable. Antes del tercer mes, tu bebé se habrá asentado ya en un patrón llevadero. Puede que sigas dándole de comer por la noche y que no te acuestes tarde, pero seguro que podrás manejarte bien y disfrutar de la maternidad.

Nacimiento con retraso

Una de las posibilidades más frustrantes es que el bebé no nazca en la fecha esperada. La fecha es sólo aproximada pero, a pesar de eso, es la fecha que llevas esperando durante meses. Salirse de cuentas, especialmente si es algo más que unos pocos días, puede resultar difícil de llevar.

Existe la tendencia de pasar el tiempo esperando el primer signo de que el parto va a empezar. Estás ansiosa por ver la cara del bebé y que el día para que esto ocurra se retrase puede resultar molesto y frustrante. Además, seguro que tu agenda está vacía de cosas que hacer en esos días. Pensabas que habrías tenido ya al bebé, así que no habías hecho ningún plan. Son

unos días difíciles, pero estas sugerencias pueden ayudarte:
• Intenta mantenerte ocupada con cosas que puedas dejar en cuanto notes que el parto llega o que puedas proseguir una vez que el bebé haya nacido (como leer un buen libro). No te metas en proyectos que te hagan sentirte frustrada si no puedes terminarlos cuando llegue el bebé.
• No te desplaces hasta muy lejos de casa o del hospital. Aparte de los compromisos inevitables como el trabajo, es mejor que tú y tu pareja no os separéis demasiado. Así, si la llamas en cualquier momento, podrá acudir a tu lado enseguida.
• Si tienes teléfono móvil, llévalo contigo todo el tiempo para usarlo en caso de urgencia (pero recuerda que no es bueno utilizarlo demasiado durante el embarazo).
• Relaciónate con tanta gente como te apetezca. Tan sólo asegúrate de que las citas sean cercanas, no muy agotadoras y con amigos que entiendan que puedes decidir no acudir en el último momento. A los amigos comprensivos y a la familia no les supondrá ningún problema.

Sobre todo, no te preocupes si sales de cuentas. Puede pasarle a todo el mundo, incluso habiendo tenido otros bebés antes de hora o en la fecha prevista. Es mucho más sencillo de llevar si ya has sopesado la posibilidad de que esto ocurra.

Organiza tu agenda teniendo en cuenta que el bebé puede atrasarse.

Un nacimiento acogedor

Los primeros minutos

Los primeros minutos después de que tu bebé abandona su primer hogar, en el útero materno, pueden hacerle sentir tanto que este nuevo mundo también es seguro como dejarlo asustado e infeliz. Obviamente, tú quieres que se dé la primera opción. Así que, además de preparar el entorno adecuado, ¿qué te ayudará a asegurar que el nacimiento será una experiencia feliz para el bebé? Aquí tienes algunas de las mejores cosas que puedes ofrecerle al bebé en estos primeros minutos:

- El sonido de tu voz, familiar y reconfortante
- El calor de ser abrazado
- El contacto piel a piel
- El olor de tu cuerpo, que él reconocerá
- El sabor de la leche caliente que instintivamente querrá tras el esfuerzo del nacimiento.

El nacimiento de tu hijo es uno de los momentos más mágicos y memorables que tendrás en tu vida. A pesar de cómo te sientas en el momento, las últimas fases del parto y los primeros minutos tras éste no duran mucho. Si quieres que la llegada al mundo del bebé sea segura y tranquila, éste es el momento de crear las condiciones y el entorno que lo propicien.

Crear el mejor entorno

En las últimas décadas, el parto tradicional en Occidente ha supuesto nacer en una ajetreada y austera habitación de hospital demasiado iluminada. La luz, el espacio y el entorno ajetreado no podrían distar más de las condiciones a las que el bebé se ha acostumbrado en los últimos meses. Sin embargo, en muchas otras culturas, los bebés nacen en habitaciones oscuras y tranquilas, lo más parecido posible al útero materno. Obviamente, esto supone un golpe mucho menor para el bebé y, por este motivo, existe la tendencia creciente en Occidente de adoptar este otro método.

En la actualidad, la mayoría de hospitales intentan animarte a que elijas tus propias condiciones para el parto. Algunos incluso ponen énfasis en crear un entorno tranquilo y acogedor ofreciéndote una selección de temas musicales. Existen muchos modos de crear un entorno relajante y familiar para que tu bebé llegue al mundo lo más feliz y bien acogido posible. Aquí tienes algunas sugerencias:

LUCES: Tu bebé viene de un mundo oscuro en el que apenas se filtra un poco de luz. Por tanto, resulta mucho más familiar para él nacer en una habitación tenuemente iluminada. Puedes encender velas o bajar la intensidad de la luz al máximo. Mientras no se den complicaciones, el personal médico puede trabajar con poca luz.

SONIDO: El sonido dentro del útero llegaba amortiguado a tu bebé; sin embargo, algunos sonidos sí se filtraban. El sonido de tu voz y la de los familiares cercanos se han convertido en voces conocidas para él, así como la música que hayas escuchado con regularidad durante el embarazo. Por tanto, algo de música tranquila os calmará a ti y al bebé durante el parto.

TACTO: Tu bebé no ha estado nunca solo sin la sensación de tu cuerpo alrededor. En cuanto nazca, una de las cosas más reconfortantes que puedes hacer es cogerlo para que sepa que sigue a salvo en este nuevo mundo.

El parto en casa es perfectamente seguro si se planifica cuidadosamente y si se puede acudir a un hospital rápidamente en caso de necesidad.

ESTADO DE ÁNIMO: Los bebés son muy sensibles al humor y a las emociones, tanto dentro del útero como después del nacimiento. Tu bebé se sentirá mucho más feliz en un entorno tranquilo y amable que en una habitación con correteos y prisas llena de gente estresada.

Parto en casa

En la actualidad, la gran mayoría de mujeres eligen dar a luz en el hospital. Sin embargo, existen estudios que indican que los partos en casa son seguros para la mayoría de mujeres siempre que estén planificados y que se pueda acudir a un hospital en caso de necesidad. Si deseas un parto en casa y el médico no te recomienda lo contrario, te beneficiarás enormemente de la experiencia.

Dar a luz en casa supone estar en un ambiente familiar y rodeada de todas tus cosas, desde tu almohada preferida hasta

Implicar a ambos padres

Aunque el bebé pasa nueve meses dentro de la madre, es igualmente producto del padre, así que éste también debe vivir el parto (aunque se ahorre sus incomodidades). Es ideal que estén presentes los dos; el padre puede apoyar y dar ánimos durante el parto además de ayuda práctica como un masaje. Aunque a muchos padres primerizos les entran dudas antes del nacimiento, la mayoría opinan que no se habrían perdido la experiencia por nada del mundo.

La madre coge el bebé en cuanto nace, pero si, por el motivo que sea no puede hacerlo, el padre es la segunda mejor opción. El bebé responderá positivamente ante la familiaridad de su voz y le gustará que le cojan. El contacto piel a piel es importante, así que es una buena idea que el padre se quite la camisa antes de cogerlo.

Al cabo de unos minutos, el personal médico querrá pesarlo, hacerle una revisión y vestirlo o envolverlo con una manta para que no tenga frío. Normalmente se hace mientras limpian a la madre, la vuelven a acostar y la preparan para que lo tome y le dé el pecho. También el padre puede estar con el bebé mientras lo pesan y vestirlo antes de dárselo a ella. Esta implicación justo después del nacimiento es muy buena tanto para el padre como para el hijo y un buen inicio para la vinculación afectiva.

un zumo de la marca que te gusta. Tu bebé nacerá en su propia casa, estará mucho mejor en un cómodo moisés que en una cuna de hospital y, además, nacerá rodeado de su familia.

Sentirás que controlas mucho más todo el proceso que si estuvieras en un hospital y el personal médico será consciente de que te encuentras en tu territorio. Los profesionales sanitarios que atienden partos en casa están casi siempre a favor de intervenir lo menos posible, así que el parto será tan natural como desees. La desventaja más importante es que si decides que quieres un paliativo fuerte del dolor como una epidural, deberás trasladarte a un hospital.

Si tienes niños mayores, un parto en casa será especialmente interesante. En lugar de ausentarte un par de días y volver con el nuevo bebé, estarás allí todo el tiempo (aunque igualmente necesitarán un familiar o amigo que cuide de ellos). Mucho mejor si ya has tenido la experiencia de dar a luz; los partos en casa resultan especialmente relajantes para el segundo hijo o posteriores si tus partos previos transcurrieron sin problemas.

Algunas mujeres te desaconsejarán el parto en casa por tratarse de algo por lo que ellas no optarían. Si decides dar a luz en casa, prepárate para muchos

comentarios del tipo: «¡Qué valiente!». No dejes que te desanimen. Si lo que quieres es tener a tu bebé en casa y los médicos te dan luz verde, adelante con ello.

El parto en el agua

Tu bebé ha pasado toda su vida hasta ahora bajo el agua, así que, ¿qué podría resultarle más natural y familiar que emerger en el agua? No necesitará respirar mientras siga funcionando el cordón umbilical y no empezará a respirar automáticamente hasta que el aire le toque la cara. Así que puede nacer con seguridad en una piscina para partos.

El parto en el agua es una posibilidad si no vas a utilizar ningún fármaco para paliar el dolor (los partos en el agua están contraindicados con la mayoría de estas sustancias) y el agua ya actúa como analgésico natural. Muchas madres tienen experiencias excelentes con partos en el agua, tanto si el bebé nace en el agua como si la madre se levanta o sale de la piscina justo antes de que nazca. Algunas maternidades cuentan con piscinas y puedes alquilar una si tienes pensado dar a luz en casa.

Las principales ventajas que se citan de los partos de agua son:
• La flotabilidad en el agua, que significa no tener que aguantar tu propio peso.

Para algunas mujeres el parto en el agua supone un alivio natural del dolor y crea un entorno relajante para que nazca el bebé.

- La calidez
- El alivio natural del dolor

Adáptate

Has tenido varios meses para pensar en el nacimiento y seguro que tienes una idea clara del tipo de parto que deseas para ti y el bebé. Tal vez quieras estar en una piscina de partos de un hospital o quizás en casa, en tu cama. Puedes haber decidido no utilizar medicación contra el dolor o querer estar escuchando tu pieza de música favorita. Vale la pena pensar un poco en todos esos detalles.

Si tus deseos son razonables y seguros, es muy probable que obtengas el parto que deseas. Pero las cosas no siempre salen como se planean y es una buena idea tener en cuenta algunas alternativas. Si tienes en mente un tipo de parto en concreto y no ocurre así, puede que eso te estropee toda la experiencia.

Si tienes pensado un parto en casa, ten en cuenta que pueden surgir complicaciones que hagan necesario trasladarte a un hospital. Así que visita la maternidad más cercana y averigua cómo sería el parto si eso sucediera. Visualiza un parto en el hospital en lugar de en casa. Y, por si acaso, prepara una bolsa para llevar al hospital que incluya todo lo que te gustaría tener, desde velas hasta un CD, por ejemplo.

Si deseas un parto en el agua, averigua qué pasará si la piscina de partos no está disponible o si algunas complicaciones lo hacen imposible. Infórmate acerca de las epidurales por si, finalmente, necesitases una. Pregunta sobre las cesáreas por si acaso; puede que no tengas tiempo para preguntas si necesitas una cesárea de urgencia.

El propósito es no estar negativa ante cualquier dificultad y encontrar un modo positivo de ver todas estas alternativas (que, en caso de darse, sería siempre por tu bien y el del bebé). Así, si acaban por ocurrir, seguirás siendo capaz de disfrutar la experiencia. Si estás preparada para cualquier cosa, nada te vendrá por sorpresa.

Los derechos de tu bebé

El personal médico que te atiende en el parto está para ayudarte y casi seguro hará un muy buen trabajo. Sin embargo, su idea de un parto ideal puede diferir de la tuya. Especialmente en los hospitales, puede que estén tan acostumbrados al entorno clínico con predisposición a las intervenciones médicas que tal vez tengas que ser muy clara con respecto a lo que deseas. Es tu parto y si tienes muy claro que, por ejemplo, quieres luces tenues o que no quieres que corten el cordón umbilical en los primeros minutos, dilo. La mayoría de los profesionales médicos harán lo imposible para cooperar, pero unos pocos están muy asentados en sus métodos y puede que necesites ser educada pero firme. Aquí tienes algunos consejos:

• Redacta la planificación del parto con anterioridad para que tus deseos sean claros y poco ambiguos.
• No estarás en tu mejor momento para enzarzarte en discusiones racionales; es uno de esos momentos en los que tu pareja puede resultar de gran ayuda.
• Aunque puede que tu pareja y tú

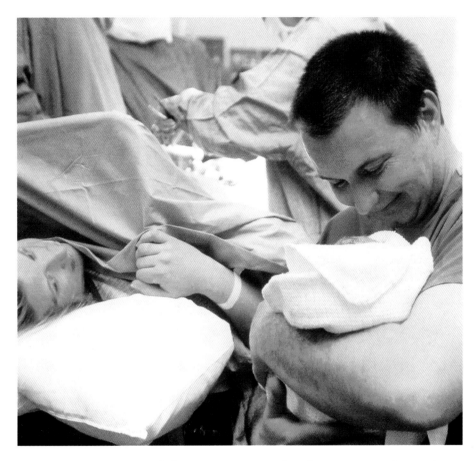

Coger y abrazar al bebé poco después de haber nacido ayuda a tu pareja a fortalecer sus lazos de inmediato.

tengáis que imponeros, no vale la pena enfadarse con el médico. No es una ocasión que deba estropearse con aspectos desagradables mientras el tema en cuestión no sea más importante que el ambiente en la sala de partos. Si de verdad sientes que no es el médico más apropiado para ti, pide otro si te es posible.

• Date cuenta de que puede existir una razón de peso por la que el médico no puede hacer lo que deseas, pero pídele que te exponga esa razón o razones claramente.

Ayuda y privacidad

Cuidar de la familia

Si tienes otros hijos, serán tu preocupación principal. Alguien tendrá que cuidar de ellos mientras tú das a luz. Es probable que la experiencia les resulte extraña, así que lo mejor es que les cuide alguien familiar con quien les guste estar. Aquí tienes algunos consejos para elegir a la persona adecuada:

- Ten en mente que debe ser alguien a quien puedas llamar de día o de noche, sin previo aviso.
- Aunque hayas planificado un parto en casa, ten a alguien preparado para cuidar a los niños por si, finalmente, tienes que trasladarte a un hospital.
- Incluso con un parto en casa que se desarrolle sin problemas, lo ideal es que tu pareja esté contigo y con el bebé en lugar de estar cuidando a tus otros hijos.
- Prepara instrucciones detalladas para 24 horas para que la persona que se quede al cuidado pueda dar de comer y vestir a los niños, llevarlos al colegio, cuidar los animales y realizar todas las demás tareas esenciales.
- Lo mejor es tener a más de una persona en reserva. Puedes llamar a una durante el día y a la otra si tienes que irte al hospital de noche.
- Explica a tus hijos lo que tienes planeado (incluso para casos de emergencia) para que sepan qué esperar.

Durante los primeros días, tras dar a luz, estarás cansada y te sentirás incómoda. Cuanta más ayuda recibas, mejor. Para empezar, necesitarás un acompañante que te dé ánimos durante el parto, y mejor si es el padre del bebé, que puede acudir a clases preparto contigo para prepararse.

Un acompañante para el parto puede darte ánimos, apoyarte, darte masajes en la espalda y traerte vasos de agua, pañuelos o cualquier cosa que necesites. Contar con un acompañante es también muy útil en los momentos inmediatamente anteriores y posteriores al parto. Las instrucciones de un médico o enfermero pueden sonar muy distantes, pero un acompañante que te mire a los ojos y te repita lo que ellos indican («¡empuja!», «¡respira!», «¡no empujes!») hará que recibas mucho mejor la información y que te resulte más sencillo seguir las instrucciones.

La ayuda de una «doula»

Tanto si cuentas con un acompañante para el parto como si no, ahora muchas mujeres optan por contratar una ayuda extra mediante una doula. Una doula está certificada, pero no forma parte del personal médico-sanitario y su tarea consiste en asistirte en el parto y ayudarte durante el proceso. A diferencia del resto del personal del hospital que viene y va según sus turnos y a los que seguramente no has visto antes, la doula te conoce antes del día del parto y puede permanecer contigo durante todo el proceso.

Esto tiene toda clase de ventajas. Para empezar, conoces a tu doula y se supone que te gusta porque si no, no la habrías contratado. Ella sabe el tipo de parto que deseas y puede ayudarte a conseguirlo. Algunos estudios muestran que las mujeres que cuentan con una doula tienen partos más cortos, con menos complicaciones y sufren menos estrés en el proceso.

Tu doula debería conoceros a ti y a tu pareja durante el embarazo para que así los tres podáis hablar sobre el tipo de parto que preferís. Una buena doula no intentará suplantar a tu pareja; trabajará con los dos y se retirará en los momentos en los que, durante el parto, queráis un poco de privacidad.

Puedes encontrar una doula pidiendo recomendaciones a amigos o a tu médico.

Ayuda en casa

Puede que acabes de dar a luz, pero la casa debe seguir funcionando; especialmente si tienes otros hijos. Hay que cocinar, poner lavadoras y hacer la compra. Puedes pasar un par de semanas sin limpiar o sin hacer alguna otra labor no esencial, pero algunas cosas no pueden descuidarse.

Darle el pecho a tu hijo puede ser algo duro porque no puedes compartir esta tarea con nadie, pero normalmente resulta muy gratificante y es una ocasión ideal para disfrutar de una pausa entre tantos quehaceres.

Los hijos mayores

Si tienes un hijo mayor o más de uno, las cosas cambiarán ligeramente para ellos durante una temporada. Además de querer evitar los celos, también quieres que se sientan seguros y queridos. Existen algunos pasos que tanto tú como aquellos que te ayudan podéis seguir en los primeros días para propiciar que eso ocurra.

- Asegúrate de dar a tus hijos mayores tanto amor y ánimos como puedas, aun cuando no puedas pasar mucho tiempo con ellos o gastar demasiada energía.
- No des un grito cada vez que toquen al bebé. Aprieta los dientes (si es necesario) y enséñales a que tengan cuidado.
- Sea quien sea quien cuida de los niños mayores (el padre, los abuelos o un amigo) no debe relajar las reglas que tú sueles aplicar. En un momento en el que su mundo está cambiando, lo que menos necesitan es que además desaparezcan los límites.
- Anima a quienes visitan al bebé a que también traigan un detalle para el hermano mayor si van a traer uno para el bebé.
- Si ves que puedes hacerlo, pídeles que saluden primero al mayor en lugar de pasarles de largo para ver al bebé. Anímales también a que hablen con el mayor sobre él además de hablar contigo sobre el bebé.

Además de todo eso, están todas las actividades que genera un nuevo bebé: bañarlo, cambiarlo, alimentarlo, esterilizar biberones, etc., que además son tareas desconocidas si se trata del primer bebé. Si tu pareja no cuenta con días de permiso en el trabajo (y también aunque los tenga), no puede hacerlo todo y además cuidarte a ti. Puede incluso que haya perdido una noche de sueño o más durante el parto.

Así que necesitas ayuda. La pregunta es: ¿a quién pedírsela? Piénsalo con calma porque vas a estar débil y vulnerable. Por ejemplo, si no te llevas muy bien con tu familia política en las ocasiones agradables, no va a ser el mejor momento para invitarles a pasar unos días. Tal vez sea preferible pedir comida por teléfono y no poner lavadoras durante una semana. Si alguien se ofrece a ayudar, tu pareja y tú debéis pensarlo a fondo antes, porque si no pódríais lamentarlo.

Asegúrate de pedir ayuda a personas con las que te vas a sentir cómoda en un momento tan vulnerable, o que viven lo suficientemente cerca como para pasarse un par de horas al día en lugar de tener que instalarse en tu casa. Si alguien quiere ayudarte y te preocupa que le hiera una negativa, pídele otro tipo de ayuda. Lo que ahora sigue son áreas en las que la ayuda de terceros puede resultar útil:

- Encargarse de poner lavadoras los primeros días.
- Cuidar de tus hijos mayores un par de horas cuando salen del colegio.
- Preparar comida para una semana y congelarla.
- Ir a comprar lo que consideres esencial.
- Dejarte a ti acudir a su casa y no al revés al cabo de unas semanas, cuando necesites una pausa de tus quehaceres.

Seguro que no tendrás pocas ofertas para ayudarte y, probablemente, deberías aceptar la mayoría. Uno de los mejores modos en los que tus amigos pueden ayudarte es visitándote por la tarde y llevando la cena ellos (no les dejes cocinar para ti y que luego dejen los platos sucios...). Esto supondrá para ellos pasar un rato con el bebé y para ti y tu pareja cenar comida sana sin necesidad de cocinarla.

Otra opción para obtener ayuda es contratando lo que se conoce como una doula posnatal, que te ayudará a cuidar del bebé, cocinará para ti, hará algunas de las tareas del hogar y aligerará el peso de tener que cuidar de un bebé y llevar la casa antes de estar de nuevo en plena forma. Normalmente se quedan hasta un máximo de un mes y te brindan muchas oportunidades para recuperar horas de sueño, descansar y recuperar la línea.

Mantener tu privacidad

A todo el mundo le gusta visitar a un bebé recién nacido. Es probable que tengas multitud de visitas: amigos, familia, vecinos... por no mencionar las visitas rutinarias del personal médico. Si estás en un hospital con el horario de visitas restringido, puede que lo agradezcas enormemente. Pero, ¿y si no es el caso?

Tus amigos y familia tienen buenas intenciones, pero puede que no se den cuenta de lo cansada que estás y de todas las visitas que ya has tenido. Tanto si estás en el hospital como si ya has vuelto a casa, puede que lo que te apetezca es un rato de soledad con tu bebé, tu pareja y tus otros hijos si los tienes.

La mejor manera de hacer algo es anticipándote. Haz saber a tu familia y amigos que estarás encantada de que te visiten, pero a ciertas horas. Explica que estarás muy cansada y que dormirás en cuanto tengas ocasión. Asegúrate de proponerles una hora en la que puedan acudir para que no se sientan excluidos.

Si empiezas a hacer excepciones, los demás pueden sentirse excluidos por no haber hecho una excepción también con ellos. Como los días inmediatamente posteriores al parto no están hechos para crear conflictos familiares, la mejor opción es no hacer ninguna excepción menos, claro está, con tu pareja y los hermanos o hermanas del bebé.

Anima a los que vengan a visitaros a traer un detalle para los hermanos mayores además de para el bebé.

Los abuelos pueden aportar una ayuda inestimable con un nuevo bebé y ayudan a cuidar de los hermanos o hermanas mayores.

Elegir un nombre

El nombre del bebé se convertirá en parte intrínseca de su identidad.

Decidir el nombre que le pondrás al bebé es una de las labores más emocionantes durante el embarazo. Puede ser muy divertido repasar listas de posibles nombres. Sin embargo, tarde o temprano debes tomar una decisión final y eso puede resultar complicado.

Lo que en un inicio no es más que un nombre en una lista puede convertirse en parte intrínseca de la identidad e imagen propia de tu hijo. Guste o no, los nombres revelan mucho de quien los lleva o, por lo menos, de su educación y del tipo de familia en la que ha crecido. La gente juzgará de modos diferentes a tu hija a lo largo de su vida en función de si se llama Sabrina o Sue. Tratarán de un modo diferente a un niño que se llame William que uno que se llame Wayne.

Puedes tener muy claro si quieres que tu hijo tenga un nombre común o uno muy inusual y, obviamente, esto no es ni bueno ni malo. Sólo necesitas tener en cuenta que cuando le das un nombre a tu hijo le estás dando algo más que unas cuantas letras para que le identifiquen. Le estás dando una imagen que irá con él toda su vida.

Solamente tú puedes saber qué nombres te gustan, pero aquí tienes algunos consejos para ayudarte a tomar una buena decisión:

• No presiones a tu pareja para que elija un nombre que no le gusta nada. Seguid buscando hasta encontrar uno en común, aunque los dos tengáis que ceder un poco.
• Lo único que importa es que tu pareja y tú estéis contentos con el nombre. Puedes tantear otras opiniones, pero la vuestra es la única que cuenta.
• Si tienes otros hijos, implícalos en la decisión, pero hazles saber que todos tenéis que estar de acuerdo y que no necesariamente elegiréis el primer nombre que os digan.
• Si te gustan los nombres poco habituales, intenta elegir uno que tu hijo pueda acortar con la forma de uno más común si así lo desea.
• Ten en mente que en el colegio los niños tienden a meterse más con los niños con nombres de pila muy poco habituales, según algunos estudios. Esto parece no darse tanto entre las niñas.
• Si no estás seguro de si elegir un nombre poco común o no, ten en cuenta el apellido; normalmente funciona combinar un nombre de pila común con un apellido poco común y viceversa.
• Evita nombres que estén de moda durante un periodo de tiempo breve como nombres de deportistas famosos o estrellas del pop.
• Evita los nombres de ex novios o ex

novias incluso si la elección es pura coincidencia a menos que tengas una pareja muy progre.

• Piénsalo detenidamente antes de ponerle a tu hijo un nombre calificativo, ya que si no se ajusta puede acabar siendo una carga.

• Si vienes de una cultura distinta a la del país en el que vives, piensa en si quieres darle a tu hijo un nombre de tu cultura o uno de tu país de adopción. Tal vez puedas elegir un nombre de tu cultura que suene como un nombre del país en el que vives.

• Piensa en las iniciales.

• Piensa en las abreviaciones o diminutivos que sus amigos usarán inevitablemente. Si no te gustan, tal vez debas utilizar un nombre diferente.

• Di el nombre en voz alta junto con el apellido para ver qué tal suena. Un nombre de pila largo suele ir mejor con un apellido corto y viceversa.

Los nombres en la familia

A los padres muchas veces les gusta utilizar nombres de miembros de la familia. Puede que exista un nombre tradicional en la familia o puede que quieras darle el mismo nombre que un familiar en concreto. Si los dos estáis de acuerdo y vuestras familias están felices con la decisión, entonces no hay problema.

Pero supón que uno de los dos odia el nombre o que un lado de la familia se ofende porque no habéis pensado en ellos. ¿Qué hay que hacer entonces? Las siguientes sugerencias pueden ser de ayuda:

• Si no te gusta el nombre, puedes usarlo como segundo nombre en lugar de ponérselo en primer lugar.

• Puedes ponerle un nombre que no te guste y luego acortárselo a otro que sí te guste. Por ejemplo, quizá no te gusta Jonathan y, en cambio, Jon te parece bien.

• Si coges un nombre de un lado de la familia, puedes evitar que el otro lado se sienta ofendido cogiendo un nombre del otro lado también. Puede que lo mejor sea no darle preferencia a uno y usarlos como segundo y tercer nombre.

• Elige un nombre de un lado de la familia y dile al otro que tu siguiente hijo llevará un nombre de su parte.

• Si realmente no quieres utilizar un nombre en concreto a pesar de la presión o prefieres ponérselo como segundo nombre, puedes esperar a que el niño nazca y entonces decir: «Habíamos pensado en llamarle así pero la verdad es que no tiene cara de Rutheford».

• No digas a la familia los nombres que estáis considerando. Espera a tenerlo decidido y a que el bebé haya nacido.

Significados ocultos

Casi todos los nombres tienen un sentido en función del lugar del que provienen. Andrés, por ejemplo, significa «fuerte y viril» (del griego) y Emilia es un nombre teutónico que significa «trabajadora».

Quizá quieras elegir un nombre que signifique algo importante y especial para ti o que indique una cualidad que deseas que tenga tu hijo. Por ejemplo, puede que quieras llamar a tu hija Larissa, del griego, que significa «chica feliz». Si un niño ha sido muy activo durante el embarazo, puedes ponerle Galo (en la antigua lengua celta, «gale» significa 'vivaz y alegre').

Llevar el bebé a casa

Pide ayuda

No confiar en tu capacidad para cuidar del bebé en casa es perfectamente normal. Solamente recuerda que lo esencial es mantenerlo alimentado, abrigado y físicamente a salvo. Todo lo demás puede esperar a que estés lista para ello. No pasa nada si el bebé lleva la misma ropa 24 horas seguidas (siempre que le hayas cambiado el pañal). Si te pone nerviosa bañar al bebé, espera a estar con alguien que pueda ayudarte.

No temas pedir ayuda de profesionales de la medicina, amigos, vecinos o familiares que tengan hijos. Estarán encantados de ayudar y le cogerás el tranquillo antes de lo que piensas. En alrededor de una semana estarás cambiando y bañando al bebé como una verdadera experta.

Llevar al bebé al santuario de su propio hogar es una experiencia emocionante.

Dar a luz en el hospital significa estar rodeada de expertos que te ayudarán a cuidar del bebé y que te darán buenos consejos para todo; desde alimentarlo y bañarlo hasta a ayudarte a que tu cuerpo se reponga del embarazo. Volver a casa con el bebé puede ser una experiencia angustiosa, ya que sentirás que la burbuja de seguridad se ha esfumado de repente y te has quedado sola.

Cuanto más hagas para intentar que tu vuelta a casa sea una experiencia feliz en lugar de preocupante, mejor. No sólo estás volviendo a casa; estás mostrándole a tu bebé el hogar que será su seguridad y su santuario en el futuro.

Por lo menos, una parte de ti se sentirá feliz de regresar. Se acabó la comida de hospital, los llantos de otros bebés y los utensilios impersonales para tu bebé. Estarás de nuevo en tu cama, con tu comida preferida en la cocina y, si los tienes, volverás a estar con tus otros hijos. Y podrás, por fin, añadir el componente último y esencial, el bebé, a la habitación en la que tanto has trabajado.

Cuanto más te hayas preparado para ello con anterioridad, más segura y contenta te sentirás. Si has leído libros, has ido a clases y has hecho muchas preguntas en el hospital, serás más que capaz de cuidar de tu bebé. Cuanto más te ayude tu pareja, mejor. No sólo te sentirás respaldada, sino que él se sentirá más implicado y se dará cuenta de la importancia de su papel. Si por lo menos uno de los dos está algo familiarizado con el funcionamiento del asiento para el coche, el esterilizador, la mochila, el intercomunicador y demás aparatos, muchísimo mejor. Ésta es una buena oportunidad para que tu pareja tome las riendas. No te apetecerá demasiado pelearte con cinturones de seguridad o intentar plegar cochecitos, así que deja que se encargue de los utensilios.

Es probable que te sientas tan agotada que no quieras visitas en los dos primeros días, y es perfectamente razonable que pidas a los demás que te dejen sola. Puede resultar complicado alejar a la gente del bebé por mucho tiempo, pero 48 horas para ti misma pueden ser muy buenas con el fin de que te asientes de nuevo en casa y para que tu familia más inmediata pueda disfrutar de estar junta y de empezar una nueva rutina.

Cuanto más te hayas preparado para este momento, más probable es que lo disfrutes. Tras meses de planificación y espera, existen pocas sensaciones comparables a entrar por la puerta de vuestro santuario personal como una familia.

Índice

Agradecimientos

Los editores desean agradecer las siguientes colaboraciones para la publicación de imágenes en este libro:

© Bubbles: pages 19 (Claire Paxton), 20 (Chris Rout), 22 (Ian West), 31 *top* (Loisjoy Thurstan) *bottom* (Loisjoy Thurstan), 36 (Lucy Tizard), 37 (Lucy Tizard), 38 (Loisjoy Thurstun), 45 (Loisjoy Thurstun), 49 (Angela Hampton), 50 (Lucy Tizard), 55 *left* (Loisjoy Thurstun) *right* (Lucy Tizard), 61 (Julie Fisher), 71 (Jennie Woodcock), 81 (Loisjoy Thurstun).

© Getty Images: pages 2–3 (Tosca Radigonda), 23 (Owen Franken), 46 (Eyewire), 56 (Britt Erlanson), 58 (Ross Whitaker), 85 (Kindra Clineff), 101 (Taxi), 121 *main* (Sue Ann Miller) *inset* (Eyewire).

©Mother and Baby: pages 16 (Paul Mitchell), 17(Paul Mitchell), 21 (Ian Hooton), 28 (Ruth Jenkinson), 42 (Ian Hooton), 57 (Ian Hooton), 76 (Ian Hooton), 79 (Ian Hooton), 82 (Ian Hooton), 83 (Ian Hooton), 88 (Ian Hooton), 89 (Ian Hooton), 92 (Ian Hooton), 95 (Ruth Jenkinson), 103 (Ruth Jenkinson), 105 (Verity Wellstead), 110 (Ian Hooton), 111 (Sean Knox), 113 (Eddie Lawrence), 115 (Moose Azim), 119 (Paul Mitchell), 122 (Ian Hooton), 125 (Ian Hooton).

© Science Photo Library: pages 117 (Tracy Dominey).

© The White Company: pages 32, 34, 108.

© Wigwamkids: pages 4, 11, 29, 35, 40, 51, 109, 123.